# 日本史 文書・書物の秘密

### 学校では教えてくれない

監修　山田勝

水王舎

## はじめに

## 先人の残した文書・書物から歴史の側面が見えてくる

　聖徳太子が制定したとされる「憲法十七条」や、大化の改新のおり孝徳天皇が発したとされる「改新の詔」。日本史を学んだ人ならだれもが知っているほど有名な法令や施政方針に何が書かれていたかご存じでしょうか。じつは、これらの原本は残っておらず、『日本書紀』に記録があるのみです。

　日本史の文書や書物には、教科書ではほとんど触れられない事実が隠れています。

　本書は、長い年月をかけて編まれた歴史書や当時出された法令、権力者の日記、実際の合戦を描いた物語などを厳選紹介しました。これらの文書・書物からは歴史的大事件の真相のみならず、庶民の暮らしや風俗などを知ることもできるのです。

　また、いつ、だれが、どのような意図で書いた（編纂した）ものなのかを簡潔に紹介しています。本書が、みなさんの歴史への興味を深める一助となれば幸いです。

代々木ゼミナール、お茶の水ゼミナール講師　山田 勝

# あの文書・書物の

## 邪馬台国について記された中国の書
## 「魏志」倭人伝

ウラ話①

『三国志』のほんの一部分だった！

くわしくは12ページ

弁辰與辰韓雑居亦有城郭
皆在戸西其瀆盧國與倭接
倭人在帯方東南大海之中
細布法俗特嚴峻
十國從郡至倭循海岸水行
海千餘里至對馬國其大官
多深林道路如禽鹿徑有
千餘里名曰瀚海至一大國
千許家差有田地耕田猶
濱山海居草木茂盛行
伊都國官曰爾支副
東南至奴國百
至奴

# ウラ話

日本史の重要な手がかりである文書や書物には、知られざる事実があります。

### 西洋や東南アジアの報告書
## オランダ風説書

**ウラ話②** ペリーの来航が予告されていた！

くわしくは 75 ページ

### 栄華を極めた道長の日記
## 御堂関白記

**ウラ話③** カレンダーの隅に書かれていた！

くわしくは 32 ページ

国立国会図書館

### 幕府が出した農民の心得
## 慶安の触書

**ウラ話④** 茶を買うことも禁止されていた!?

くわしくは 76 ページ

# もくじ

はじめに ………………………………………………… 003

あの文章・書物のウラ話 ……………………………… 004

## Part.1 古代 いにしえの謎をときあかす文書

- ◆「魏志」倭人伝 ………………………………………… 012
- ◆倭王武の上表文 ……………………………………… 014
- ◆憲法十七条 …………………………………………… 015
- ◆改新の詔 ……………………………………………… 017
- ◆大宝律令 ……………………………………………… 018
- ◆古事記 ………………………………………………… 019
- ◆風土記 ………………………………………………… 020
- ◆日本書紀 ……………………………………………… 021
- ◆懐風藻 ………………………………………………… 022
- ◆万葉集 ………………………………………………… 023
- ◆宇佐八幡宮の神託 …………………………………… 024
- ◆令義解・令集解 ……………………………………… 025
- ◆性霊集 ………………………………………………… 026
- ◆類聚国史 ……………………………………………… 027
- ◆古今和歌集 …………………………………………… 028
- ◆倭(和)名類聚抄 ……………………………………… 029
- ◆枕草子 ………………………………………………… 030
- ◆源氏物語 ……………………………………………… 031
- ◆御堂関白記 …………………………………………… 032
- ◆大鏡 …………………………………………………… 033
- ◆今昔物語集 …………………………………………… 034
- ◆梁塵秘抄 ……………………………………………… 035
- column まだまだある古代の文書・書物 …………… 036

## Part.2 中世 — 知られざる実態が見えてくる文書

- ◆平家物語 ……………………………………… 038
- ◆方丈記 ………………………………………… 040
- ◆愚管抄 ………………………………………… 041
- ◆御成敗式目 …………………………………… 042
- ◆喫茶養生記 …………………………………… 043
- ◆源平盛衰記 …………………………………… 044
- ◆正法眼蔵 ……………………………………… 045
- ◆立正安国論 …………………………………… 047
- ◆歎異抄(鈔) …………………………………… 048
- ◆吾妻鏡 ………………………………………… 049
- ◆徒然草 ………………………………………… 050
- ◆二条河原の落書 ……………………………… 051
- ◆神皇正統記 …………………………………… 053
- ◆梅松論 ………………………………………… 054
- ◆太平記 ………………………………………… 055
- ◆風姿花伝 ……………………………………… 056
- ◆庭訓往来 ……………………………………… 057
- ◆節用集 ………………………………………… 058
- ◆応仁記 ………………………………………… 059
- ◆早雲寺殿廿一箇条 …………………………… 061
- ◆塵芥集 ………………………………………… 063
- column まだまだある中世の文書・書物 …… 064

## Part.3 近世 歴史上重要な文書

- ◆御朱印師職古格 …………………………… 066
- ◆日本史 ……………………………………… 067
- ◆仮名草子 …………………………………… 068
- ◆信長公記 …………………………………… 069
- ◆鉄炮記 ……………………………………… 070
- ◆武家諸法度 ………………………………… 071
- ◆おもろさうし ……………………………… 072
- ◆太閤記 ……………………………………… 073
- ◆塵劫記 ……………………………………… 074
- ◆オランダ風説書 …………………………… 075
- ◆慶安の触書 ………………………………… 076
- ◆大日本史 …………………………………… 077
- ◆本朝通鑑 …………………………………… 078
- ◆生類憐みの令 ……………………………… 079
- ◆農業全書 …………………………………… 080
- ◆大和本草 …………………………………… 081
- ◆読史余論 …………………………………… 082
- ◆都鄙問答 …………………………………… 084
- ◆仮名手本忠臣蔵 …………………………… 085
- ◆解体新書 …………………………………… 086
- ◆雨月物語 …………………………………… 087
- ◆海国兵談 …………………………………… 088
- ◆古事記伝 …………………………………… 089
- ◆東海道中膝栗毛 …………………………… 090
- ◆群書類従 …………………………………… 091
- ◆日本外史 …………………………………… 092

## もくじ

- ◆南総里見八犬伝 …………………………………… 093
  - column まだまだある近世の文書・書物 …………… 094

### Part.4 近現代 日本の未来を占う文書

- ◆船中八策 …………………………………………… 096
- ◆討幕の密勅 ………………………………………… 098
- ◆王政復古の大号令 ………………………………… 099
- ◆五箇条の(御)誓文 ………………………………… 101
- ◆五榜の掲示 ………………………………………… 102
- ◆民撰議院設立の建白書 …………………………… 103
- ◆大日本帝国憲法 …………………………………… 105
- ◆教育勅語 …………………………………………… 106
- ◆善の研究 …………………………………………… 107
- ◆対華二十一箇条要求 ……………………………… 108
- ◆ポツダム宣言 ……………………………………… 109
- ◆終戦の詔勅 ………………………………………… 110
- ◆新日本建設に関する詔書 ………………………… 112
- ◆日本国憲法 ………………………………………… 113
- ◆日中共同声明 ……………………………………… 114
- ◆村山談話 …………………………………………… 115
  - column まだまだある近現代の文書・書物 ………… 116

### おまけ 古文書の読み方 …………………………… 117

参考文献 ……………………………………………… 127

| | |
|---|---|
| 編集・構成・DTP | 造事務所 |
| カバー・本文デザイン | 吉永昌生 |
| カバーイラスト | nanopiko（イラストAC） |
| 文 | 奈落一騎、佐藤賢二 |
| イラスト | いらすとや |

## Part.1 古代

# いにしえの謎を
# ときあかす文書

# 「魏志」倭人伝

【ぎしわじんでん】

史書 成立年 3世紀末

名曰卑彌呼 事鬼道 能惑衆
(この女王の名を卑弥呼といい、呪術を行ない、多くの人に自分の占いを信じさせている)

著者
陳寿（ちんじゅ）

## 背景 じつは『三国志』の一部分

3世紀に女王卑弥呼が、鬼道という呪術をもって治めたとされる邪馬台国。この謎めいた国が最初に登場した文書が、「魏志」倭人伝だ。

だが、この名称は正式なものではない。中国の歴史書『三国志』のなかに、魏の正史を記した「魏書」という書物がある。この「魏書」の一部に外国との交流を記録した箇所があり、そこで邪馬台国について触れている短い文章を、俗に「魏志」倭人伝と呼んでいるのだ。

『三国志』といえば、魏・呉・蜀の三国が中国大陸の覇権を争い、劉備や曹操などが活躍した時代の日本人にもなじみ深い史書である。つまり、卑弥呼と劉備たちは、ほぼ同時代人なのだ。

## 内容 邪馬台国までの旅程の曖昧な記述

「魏志」倭人伝には、倭と呼ばれていた当時の日本の生活習慣や風土がくわしく記録されている。たとえば、男子は顔や体に入れ墨をしていること、牛・馬・虎・豹・羊がいないこと、土地が温暖であることなどが記されている。

史料として問題なのは、肝心の大陸から邪馬台国に至るまでの行程について、距離で表記したり、かかった日数で表記したりと、記述がばらばらで非常に曖昧なこと。記述どおりに進むと邪馬台国は太平洋の海上にあることになってしまう。

邪馬台国の比定地には、畿内説と九州説があるが、まだ決着を見ていない。

『三国志』巻第三十にある倭の記述。
国立国会図書館

弥生時代　200　250　300

## ◆◆◆ 朝鮮半島から邪馬台国に至る道のり ◆◆◆

郡から倭国に至るには、水行で海岸を循って韓国を経て南へ、東へ、7000余里で北岸の狗邪韓国に到着する。

始めて海を1000余里渡ると、対馬国に至る。

また南に瀚海と呼ばれる海を1000余里渡ると一大国（一支国）に至る。

また海を1000余里渡ると、末盧国に至る。

東南に陸行し、500里で伊都国に到着する。

東南に100里進むと奴国に至る。

東へ100里行くと、不弥国に至る。

南へ水行20日で、投馬国に至る。

南に水行10日と陸行1月で女王の都のある邪馬台国に至る。

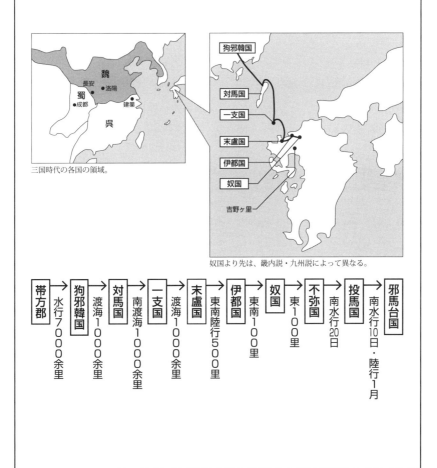

三国時代の各国の領域。

奴国より先は、畿内説・九州説によって異なる。

帯方郡 → 狗邪韓国（水行7000余里）→ 対馬国（渡海1000余里）→ 一支国（南渡海1000余里）→ 末盧国（渡海1000余里）→ 伊都国（東南陸行500里）→ 奴国（東南100里）→ 不弥国（東100里）→ 投馬国（南水行20日）→ 邪馬台国（南水行10日・陸行1月）

| 政治 | 【わおうぶのじょうひょうぶん】 | 発表年 478年 |

# 倭王武の上表文

> 東は毛人を征すること、五十五国。西は衆夷を服すること六十六国。渡りて海北を平らぐること、九十五国
> （東は毛人の五十五国、西は衆夷の六十六国を征服し、さらに海を越えて朝鮮の九十五国を平定しました）

中心人物
**倭王武**

## 背景 謎めいた「倭の五王」の正体

中国南北朝期の宋の歴史を記した『宋書』のなかの「倭国伝（夷蛮伝）」には、「倭国（日本）の武という王が478年に宋の順帝に使者を送り、上表文を奉った」と記録されている。

『宋書』には、武の前にも讃、珍、済、興という4人の王が代々、宋の皇帝に使者を送ったとも記録されており、武と合わせて「倭の五王」と呼ばれる。五王がどの天皇なのかについては諸説あるが、武に関しては雄略天皇説が有力。讃は応神天皇、仁徳天皇、履中天皇のうちの誰か、珍は反正天皇か仁徳天皇、済は允恭天皇、興は安康天皇とされている。ところが『日本書紀』には、これらの天皇が宋に使者を送った記録は残されていない。

## 内容 中国の冊封体制に組み込まれる

上表文の冒頭で武は、自分の祖先が周辺国を次々と征服し、さらに朝鮮半島の諸国も平定したことを誇らしげに述べている。当時大国であった中国に対して、日本を少しでも大きく見せようとしたのだろう。

だが、使者を送った目的は高句麗との戦いで宋の支援を得ることであり、みずから積極的に中国に臣下の礼を取り、冊封体制に組み込まれるためでもあった。この上表文を受け、順帝は武を安東大将軍に任命している。

ある意味、国辱的な外交のため、『日本書紀』には記録されなかったのかもしれない。

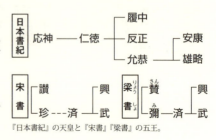

『日本書紀』の天皇と『宋書』『梁書』の五王。

古墳時代
400　　450　　500

Part.1 古代／いにしえの謎をときあかす文書

## 【けんぽうじゅうしちじょう】
# 憲法十七条

法令　発表年 604年？

以和爲貴
（和を大切に）

中心人物
聖徳太子

### 背景　実在が疑われる聖徳太子

　用明天皇の子であり、推古天皇の摂政を務めていた聖徳太子（厩戸王）が制定したとされる17条から成る日本初の憲法が「憲法十七条」だ。もっとも、憲法とはいうものの、国家と国民の関係を規定する近代憲法とは違い、貴族や官吏に対する道徳的な規範を示すものとなっている。

　「憲法十七条」の原文は残されておらず、聖徳太子の死後1世紀以上あとに書かれた『日本書紀』に全文が引用されている。そのため、「憲法十七条」は『日本書紀』の編者らによる創作という説も江戸時代からあった。

　さらに近年は、用明天皇の子である厩戸王は実在したが、政治の中心で活躍した聖徳太子という人物は架空の存在という説も有力視されている。

### 内容　外来思想である仏教、儒教の影響

　「和を以て貴しと為し」という第1条冒頭の一節が有名な「憲法十七条」。現代でも日本的な精神を表わす言葉としてよく引用される。

　だが、この憲法には、外来思想である仏教や儒教の影響も強い。たとえば第2条には、「仏・法（仏教の教え）・僧を敬え」と書かれている。また、第4条では「礼を以て本とせよ」、第9条では「信は是義の本なり」と、儒教で重きを置く、礼や信の大切さ説いている。

　ちなみに、第17条は「物事を独断で決めてはいけない。かならずみんなで意見を交換しろ」というものであり、民主的ともいえる。

国立国会図書館
聖徳太子の肖像（出典『前賢故実』）。

飛鳥時代
550　　600　　650　　700

## 憲法十七条 のつづき

### ◆◆◆『日本書紀』にある「憲法十七条」の抜粋 ◆◆◆

一に曰く、和を以て貴しと為し、忤ふること無きを宗とせよ。

二に曰く、篤く三宝を敬へ。三宝とは仏・法・僧なり。

三に曰く、詔を承りては必ず謹め、君をば天とす、臣をば地とす。

四に曰く、群臣百寮、礼を以て本とせよ。

五に曰く、饗を絶ち欲することを棄て、明に訴訟を弁めよ。

六に曰く、悪しきを懲らし善を勧むるは、古の良き典なり。

七に曰く、人各任有り。

八に曰く、群卿百寮、早朝晏く退でよ。

九に曰く、信は是義の本なり。

十に曰く、忿を絶ちて、瞋を棄て、人の違うことを怒らざれ。

十一に曰く、功と過を明らかに察て、賞罰を必ず当てよ。

十二に曰く、国司・国造、百姓に収斂することなかれ。

十三に曰く、諸の官に任せる者は、同じく職掌を知れ。

十四に曰く、群臣百寮、嫉み妬むこと有ること無かれ。

十五に曰く、私を背きて公に向くは、是臣が道なり。

十六に曰く、民を使うに時を以てするは、古の良き典なり。

十七に曰く、夫れ事独り断むべからず。必ず衆とともに宜しく論ふべし。

# 改新の詔

【かいしんのみことのり】

法令

発表年 646年（大化2年）？

初造戸籍計帳班田収授之法
（はじめて戸籍・計帳・班田収授の法をつくれ）

中心人物
孝徳天皇（こうとく）

## 背景　改革に先立ち新たな天皇が宣布

　645年の中大兄皇子（なかのおおえのみこ）らによるクーデター乙巳の変（いっし）の翌々日、当時の皇極天皇（こうぎょく）は、中大兄皇子に位を譲ろうとした。だが、中大兄皇子はそれを固辞し、代わりに叔父である軽皇子（かるのみこ）を推薦。軽皇子は孝徳天皇として即位した。

　その孝徳天皇が政変の翌年に、難波長柄豊碕宮（なにわながらとよさきのみや）で発したとされる新たな施政方針が「改新の詔」である。詔とは、天皇の命令、あるいはその命令を伝える文書のこと。この施政方針に基づく政治改革が、大化の改新だ。

　ただ、「改新の詔」の原文は残されておらず、約80年後に書かれた『日本書紀』に記録されているのみである。

## 内容　4カ条は後世の創作の可能性大

　「改新の詔」の中身は大きく分けて、以下の4条から成っている。第1条は、日本中の土地を朝廷が支配すること（公地公民制）。第2条は、都を定め、地方行政組織を整備すること。第3条は戸籍を定めることと、土地制度の整備（班田収授法）。第4条は、従来の税制を廃止し、新たに租・庸・調の税制にすることである。これらは、唐の制度を参考につくられた。

　もっとも、この条文は後世『日本書紀』に記載される際に創作されたものであり、少なくともこのままの内容ではなかったというのが、現在では定説となっている。

国立国会図書館
天智天皇(中大兄皇子)の肖像（出典『古今偉傑全身肖像』）。

飛鳥時代

550　　　600　　　650　　　700

## 法令 【たいほうりつりょう】
# 大宝律令

成立年 701年（大宝元年）

不明
※すべて散逸したため未掲載

編纂者
刑部親王（おさかべ）

### 背景 唐の律令にならい整えられた日本の政治体制

文武天皇の命により、唐の律令を参考にしてつくられた法律が「大宝律令」である。「律」とは刑法のこと、「令」とは行政法および民法のことだ。律と令がともにそろった本格的な法律が制定されたのは、日本ではじめてのことであった。

編纂に携わったのは、刑部親王や藤原不比等ら19人。律6巻、令11巻の形で完成したが、すべて散逸してしまい現存しない。

ただ、律令の注釈書である『令集解（りょうのしゅうげ）』などに、「大宝律令」を補足・修正した「養老律令」が一部引用されているため、「大宝律令」の内容を推測することができる。

### 内容 現代日本と変わらないルール

「大宝律令」によって、二官八省（神祇官・太政官・中務省（なかつかさしょう）・式部省・治部省（じぶしょう）・民部省・大蔵省・刑部省・宮内省・兵部省（ひょうぶしょう））が定められ、日本における中央集権体制が完成した。

役所で使う文書には元号を使うことや、印鑑を押すことなども定められた。これは現代でも、ほぼ変わらないままで公的文書を取り扱う際のルールとなっている。

その他、国・郡・里などの単位（国郡里制）、中央政府から派遣される国司や、地方豪族が任命される郡司などの役職の権限も、この「大宝律令」で正式に定められた。

藤原不比等の肖像（出典『前賢故実』）。

飛鳥時代　　　　　　奈良時代
600　　650　　700　　750

# 【こじき】古事記

**史書**

**発表年** 712年（和銅5年）

臣安麻呂に詔りして、稗田阿礼が誦める勅語の旧辞を撰び録して、献上しむ
（私安麻呂に「稗田阿礼が天武天皇の命によって読誦した旧辞を撰び記録して献上せよ」と命じられたので）

**編纂者** 太安万侶

## 背景 天皇の権威づけに行なわれた国史の編纂

『古事記』は日本最古とされる歴史書だ。それ以前にも、『天皇記』など日本の歴史を記した書物があったが、乙巳の変で焼失したとされる。

天武天皇は歴史を後世に残すため、抜群の記憶力を持つ稗田阿礼という臣下に、古い神話や伝承、天皇家の系譜を覚えさせた。その後、元明天皇の時代になり、臣下の太安万侶（安麻呂）が稗田阿礼から口頭で伝えられた記録を編纂したのが『古事記』である。

国内向けに天皇の権威を示すためにつくられたとされており、文章は和化漢文という日本語の音を漢字で表記する方法で書かれている。ちなみに、原本は現存しておらず、いくつかの写本が残されている。

## 内容 神話と歌が盛りだくさん

天地のはじまりから、神であるイザナギとイザナミによって日本列島が誕生し、その後、イザナギたちの孫であるニニギノミコトが日本に降り立った神話、およびニニギの子孫で初代天皇となった神武天皇から第33代推古天皇の時代までの歴史が記されている。

とくに神話時代の分量が多く、全3巻中、1巻はすべて神々の話だ。有名な「因幡の白兎」の神話などは『日本書紀』には見られず、『古事記』にしかない。

物語調で書かれていることや、数多くの歌が収録されているのも『古事記』の特徴だ。

日本列島をつくるイザナギとイザナミ。

| 飛鳥時代 | | 奈良時代 |
|---|---|---|
| 650 | 700 | 750 |

政治 【ふどき】
# 風土記

編纂開始年 713年（和銅6年）？

所以号出雲者、八束水臣津野命詔八雲立詔之
（やつかみずおみつののみこと）
（出雲と呼ぶ理由は、八束水臣津野の命が「八雲立つ」と仰せられた）

中心人物
**元明天皇**

## 背景　50以上つくられ、5つだけが残存

　元明天皇の命により、713年に地方の文化風土や地理などを国ごとに記録する事業がはじめられた。その結果、編纂されたのが「風土記」だ。このころようやく、朝廷の支配権が地方に広まったゆえの事業でもある。

　当時の地域区分に基づき、50以上の「風土記」が編纂されたが、その多くは散逸してしまい、現在残っているのは、『常陸国風土記』『出雲国風土記』『播磨国風土記』『豊後国風土記』『肥前国風土記』の5つの写本のみ。しかも、ほぼ完本なのは『出雲国風土記』だけで、残りは一部欠損した状態である。

　ただ、失われた多くの「風土記」も、一部分が後世の書物に引用されていることがあり、そこからある程度は内容を推測することができる。

## 内容　地方独自の神話と神々も記載

　「風土記」に共通して記載されている事項は、土地の名前、その土地で取れる産物、土地の状態、地名の起源、古老などによって伝えられている土地の伝承の5つだ。

　伝承には、『古事記』『日本書紀』には記載されてない神話も残されている。たとえば、島根半島ができた由来を語る「国引き神話」が記されているのは、『出雲国風土記』だけだ。同書だけに見られる神々もいる。

　これらの「風土記」によって、ヤマト政権の全国支配が進む前、各地に独自の文化があったことがわかる。

「風土記」の残る国。

Part.1 古代／いにしえの謎をときあかす文書

### 史書

【にほんしょき】
# 日本書紀

成立年 720年（養老4年）

天皇、橿原宮に即帝位す。是歳を天皇の元年とす
（神武天皇が橿原宮で即位された。この年を日本紀元年とする）

編纂者
舎人親王

## 背景　多数の編纂者によって長い年月をかけ編まれる

　天武天皇の命がきっかけでつくられた歴史書という点は『古事記』と同じだ。ただ、『日本書紀』は国家の公式な歴史を記す正史として書かれたため、完成までの経緯は『古事記』とは大きく異なる。

　まず、太安万侶がひとりで編纂した『古事記』に対し、『日本書紀』は舎人親王をはじめとする多数の者が編纂に携わっている。さらに、『古事記』が帝紀・旧辞のみに基づいたのに対し、『日本書紀』はこの他に諸氏や政府の記録、個人の日記や朝鮮側の資料など幅広く参考にしている。まさに国家事業だったのである。

　また、日本がきちんとした国家であることを国外に示す目的で書かれたとされており、日本の歴史書でありながら漢文で記されている。

## 内容　国際関係の記述にも重点

　『古事記』のような物語風ではなく、より歴史書らしく、起こった出来事を年代順に記す編年体で書かれている。

　神話に関する記述も全30巻中2巻と少なく、残りは初代の神武天皇から第41代持統天皇の時代までの歴史の記録に費やされている。また、ヤマトタケルに関する記述などは、『古事記』とは大きく異なる。

　朝鮮半島など近隣諸国との関係に割かれている分量も多く、中国や朝鮮の文献も多数引用されている。日本が国際国家であることを示す意図があるのかもしれない。

ヤマトタケル（日本武尊）の肖像（出典『前賢故実』）。
国立国会図書館

飛鳥時代　　奈良時代
650　　700　　750

## 文学 【かいふうそう】 懐風藻

成立年 751年（天平勝宝3年）

> 余撰此文意者、為将不忘先哲遺風、故以懐風名之云爾
> （私が詩文を選び集めた心は、先人の教えを忘れないようにと思ったためである。そのようなわけで懐風と名づけたのである）

編纂者
不明

### 背景　律令国家の確立に伴い、求められた漢詩の教養

　現存する日本最古の漢詩集。飛鳥時代から奈良時代までの64人の日本人の手による120編が収録されている。

　奈良時代は律令制が整い、漢詩を学ぶ必要性が高まっていた時代である。貴族のあいだで漢詩が流行し、それが本書作成の背景にあるとされている。

　編者は不明で、皇族出身の淡海三船によるものとも、公家である石上宅嗣によるものともいわれているが、確証はない。

　序文の最後には、「先人の遺風（先人の教え）を忘れないために、懐風とこの書を命名した」とある。また、「詩の美しい語句」のことを「詩藻」という。つまり、『懐風藻』は「遺風を懐かしむ詩集」といった意味となる。

### 内容　死の直前につくられた「五言臨終一絶」

　『懐風藻』には、大友皇子、川島皇子、大津皇子、智蔵、葛野王、石上乙麻呂、文武天皇、藤原不比等などによる漢詩が収められている。代表的な詩人については、選者による伝記も付されている。

　漢詩自体の出来に関しては、中国の六朝詩や初唐詩の模倣の範囲を出ていない作品が多く、独創性が薄いというのが通説となっている。

　ただ、大津皇子が謀反の疑いをかけられて自害する直前につくったとされる「五言臨終一絶」は高く評価されており、『懐風藻』を代表する作品といわれている。

大津皇子の墓とされる場所が二上山（大阪府・奈良県）にある。

飛鳥時代　650　700　奈良時代　750　800

# 【まんようしゅう】
# 万葉集

**文学**

**成立年** 8世紀後半

> 世の中を 憂しとやさしと おもへども 飛びたち
> かねつ 鳥にしあらねば
> （この世の中を、つらいと思い、身も細るような気持ちがすると思うけれど、何処かへ飛んで行ってしまうこともできない。鳥ではないのだから）

編纂者
大伴家持（おおとものやかもち）

## 背景　大伴家持による編纂説が有力

日本に現存する最古の和歌集。7世紀中ごろから8世紀中ごろまでに詠まれた歌が約4500首収められている。

編纂者に関しては古くから諸説が唱えられてきたが、現在では奈良時代の貴族で歌人の大伴家持が有力視されている。ただ、厳密にいえば、さまざまな人が長い年月をかけて少しずつまとめてきたものを、最後に家持が全20巻にまとめたようだ。正確な完成年はわかっていない。

漢字の意味ではなく音訓だけを使って日本語の音を表現した「万葉仮名」という独特の表記法が用いられている。平安時代初期に仮名文字が登場するまでは、日本語表記にはおもに、この万葉仮名が使われていた。

## 内容　詠み手は天皇から農民まで

『万葉集』に収められている歌は大別すると、男女が恋を詠み合う相聞歌（そうもんか）、死者を哀悼する挽歌、それ以外の自然や宮廷儀式などを詠んだ雑歌（ぞうか）の3種類になる。また、歌が詠まれた時期から4つの時代に区分されている。

詠み手は天皇や貴族から、下級官人、地方の農民までと多岐にわたっており、全体的な歌風は素朴で力強い。

額田王（ぬかたのおおきみ）による素直な恋心を詠んだ歌などが、その代表だろう。ほかに、重税に苦しむ農民の心を切々と詠んだ山上憶良（やまのうえのおくら）の「貧窮問答歌（ひんきゅうもんどうか）」のような歌も収められている。

| 区分 | 年代 | おもな歌人 |
| --- | --- | --- |
| 第1期 | 629～672年 | 額田王 |
| 第2期 | ～710年 | 柿本人麻呂（かきのもとのひとまろ） |
| 第3期 | ～733年 | 山上憶良 |
| 第4期 | ～759年 | 大伴家持 |

歌が詠まれた4つの時代区分と代表的な歌人。

政治  【うさはちまんぐうのしんたく】
# 宇佐八幡宮の神託

発表年 769年（神護景雲3年）

我が国家、開闢より以来、君臣定まれり。臣を以て君となすことは未だこれ有らず。天之日嗣は必ず皇緒を立てよ。無道の人は宜しく早く掃除すべし

（我が国家は古来、君臣の別が定まっている。臣下が君主となることはいまだかつてない。皇位には天皇家の血筋を引く者を就けよ。無道の人は早く払い除けよ）

**中心人物**
称徳天皇
道鏡

## 背景 ねつ造された神託

奈良時代の法相宗の僧侶道鏡は、孝謙太上天皇の病を治したことから、厚い信任を得るようになった。やがて、道鏡は僧籍のまま太政大臣禅師となり、政治の実権を掌握。孝謙太上天皇が重祚した称徳天皇はそれを容認し、さらには道鏡が天皇の座に就くことを願うようになったという。

そんなさなか、道鏡の一派から九州の宇佐八幡宮のものとして「道鏡を皇位に就かせたならば天下は泰平である」という神託が奏上される。称徳天皇はこれを喜んだが、貴族の和気清麻呂が確認のため宇佐八幡宮に出向くと、神託は偽物であることが判明。改めて本当の神託が下されると、それは道鏡が天皇になることを否定する内容であった。

## 内容 天皇になることができなかった道鏡

清麻呂が受けた神託が、表題下に引用したものである。ようするに、「皇族以外を天皇にしてはならず、早く道鏡を宮廷から排除せよ」という意味だ。

この神託を持ち帰った清麻呂は、当然、称徳天皇の怒りを買い、別部穢麻呂と改名させられた上に流罪とされてしまう。この一連の出来事を、宇佐八幡宮神託事件という。

その後、称徳天皇が崩御すると、群臣の評議の結果、今度は道鏡が左遷となり、清麻呂は罪が許され、京へと戻った。

龍興寺には道鏡の墓（道鏡塚）が残る（栃木県下野市）。

## 【りょうのぎげ・りょうのしゅうげ】 令義解・令集解

成立年 9世紀 法令

> 凡そ調の絹・絁(あしぎぬ)・糸・綿・布は、並びに郷土の所出に随(したが)へよ
> （調の絹・絁・糸・綿・布は、その土地の特産物で納めること）

編纂者
清原夏野(きよはらのなつの)
惟宗直本(これむねのなおもと)

### 背景 律令の改良に合わせて注釈書で解釈を統一

日本初の本格的な法令である大宝律令が701年につくられたあとも、朝廷によって法体系の改良は続けられ、718年に養老律令が完成する。

『令義解』は、法の解釈を統一するために、淳和天皇の命により右大臣清原夏野が中心となってまとめた全10巻の養老令の注釈書だ。大宝律令、養老律令の原文は散逸しており現存していない。だが、『令義解』に養老令の大部分が引用されており、またそこから大宝令の内容も推測できるため、『令義解』は古代の律令を理解する上で貴重な史料となっている。

『令集解』は、学者の惟宗直本が私的にまとめた養老令を中心とした令の注釈書だ。全50巻あったといわれるが、現存しているのは計35巻だ。

### 内容 『令集解』にだけ残る大宝律令

『令義解』は公的な官撰注釈書であるため、律令そのものと同じ扱いをされ、法的拘束力を持っていた。一方、私的な注釈書である『令集解』には法的拘束力はない。

ただ、『令集解』には『令義解』にも記載されていない大宝令の原文が一部引用されているため、大宝令のオリジナルの形を知る重要な手がかりとなっている。

ちなみに、惟宗が『令集解』を編纂した動機は、官撰の『令義解』がつくられたことで、それまで多様な理解が許されていた律令の解釈が失われることを惜しんだためだともいう。

国会国立図書館

清原夏野の肖像（出典『前賢故実』）。

## 文学 【しょうりょうしゅう】 性霊集

成立年 835年（承和2年）ごろ？

> 虚空尽き、衆生尽き、涅槃尽きなば、我が願いも尽きなん
> （この宇宙や生きとし生けるもの、さらに悟りの世界がなくならないかぎり、私の願いもなくならないだろう）

編纂者
真済

### 背景 空海の死後に弟子が集成

真言宗の開祖である空海の詩や碑銘、書簡などを、十大弟子のひとりである真済がまとめたとされる作品集。正式な書名は『遍照発揮性霊集』だ。

成立年代は不明だが、空海が没した835年から、それほど時間が経たないあいだに編纂されたと考えられている。なお、空海の生前に編纂されたという説もある。

完成時には全10巻あったが、うち3巻は早くに散逸してしまった。1079年に仁和寺の済暹が空海の遺文を収集し、『続遍照発揮性霊集補闕鈔』3巻にまとめて散逸分の補足としたが、こちらには、現在では空海のものでないと判明している作品も含まれている。

### 内容 能書は必ず好筆を用う

序文によれば、空海は詩だろうと上奏文だろうと、いっさい下書きをせず、その場ですぐに書き上げたという。空海の文人としての才能は名高く、淳和天皇の命で編纂された勅撰漢詩集『経国集』にも作品が収められている。また、後世の僧侶たちの漢詩の手本ともなった。

ちなみに空海といえば、「弘法筆を選ばず」という格言が広く知られているが、『性霊集』には空海の言葉として「能書は必ず好筆を用う」と記されている。「すぐれた書家はよい筆を使う」という意味だ。弘法は筆を選んだのである。

明治時代に出版された『性霊集』。

奈良時代 | 平安時代
750　800　850

# 類聚国史
【るいじゅうこくし】

**成立年** 892年（寛平4年）

編纂者
**菅原道真**（すがわらのみちざね）

古天地未剖、陰陽不分、渾沌如鶏子、溟涬而含牙
（昔、天と地がまだ分かれておらず、陰陽の区別も生じていなかったとき、鶏の卵の中身のように固まっていなかったところに、何かがほの暗くぼんやりと芽生えを含んでいた）

## 背景 天皇の命によって正史を分類

　平安時代の貴族であり学者であった菅原道真が宇多天皇の命を受けて、古代日本の正史とされる6冊の史書、通称「六国史」を中国の類書の形式にならい分類・再編集したもの。正史は基本的に起こった出来事を年代順に記す編年体で書かれるが、類書とはそれを部門別に整理し直した、一種の百科事典だ。

　「六国史」とは、『日本書紀』『続日本紀』『日本後紀』『続日本後紀』『日本文徳天皇実録』『日本三代実録』を指す。道真は、それらを神祇、帝王、後宮、政理などの部門別に整理し、全200巻の大著にまとめた。だが、その多くは戦火などによって散逸し、現存しているのは62巻のみである。

## 内容 失われた『日本後紀』を知る手がかり

　「六国史」のうち、『日本三代実録』が完成したのは901年のこと。『類聚国史』が完成したとされているのはその前であることに加え、『日本三代実録』が完成した年に道真は大宰府に流されているので、『類聚国史』における『日本三代実録』に関する部分は後世の創作という説がある。

　ただ、道真は『日本三代実録』の編纂に携わっていたので、『類聚国史』の該当部分も当人の手によるものである可能性もある。

　また、『日本後紀』の大部分は散逸しており、『類聚国史』はその内容を知る貴重な手がかりとなっている。

菅原道真の肖像（出典『前賢故実』）。
国立国会図書館

# 古今和歌集
【こきんわかしゅう】

文学

成立年 905年（延喜5年）

> やまとうたは、ひとのこゝろをたねとして、よろづのことの葉とぞなれりける
> （和歌は、人の心を種として、多くの言葉となって出たものである）

編纂者
紀貫之（きのつらゆき）

## 背景　三十六歌仙のうちの4人が編纂

醍醐（だいご）天皇の命により、『万葉集』に選ばれなかった古い時代のものから、編纂当時のものまで、約1100首の歌を選んで全20巻にまとめたのが、日本で最初の勅撰和歌集の『古今和歌集』である。勅撰とは、天皇や上皇、法皇の命を受けて編纂したということだ。

編纂者は、紀貫之、紀友則（きのとものり）、凡河内躬恒（おおしこうちのみつね）、壬生忠岑（みぶのただみね）の4人。それぞれ貴族、官人、下級武官など身分はばらばらであったが、いずれも歌人として名高く、平安時代を代表する歌人「三十六歌仙」に数えられている。

ちなみに、905年の完成とされているが、現存する同書には、それ以後の歌も含まれているため、実際の完成はもう少しあとだったともいわれる。

## 内容　仮名文字が公式に使われる

『古今和歌集』には、仮名で書かれた仮名序と漢文で書かれた真名序のふたつの序文がある。仮名は9世紀後半から使われはじめていたが、公的な文書で使われたのは同書が最初とされている。仮名序は紀貫之、真名序は紀淑望（きのよしもち）の作だ。

同書に収められた歌の多くは、「古今調」と呼ばれる、技巧的で優美さや繊細さが目立つものが多い。そのため、素朴で力強い『万葉集』の歌と昔からよく対比されてきた。

「袖ひちてむすびし水のこほれるを春立つけふの風やとくらん」（紀貫之）などが、『古今和歌集』を代表する歌である。

紀貫之の肖像（出典『前賢故実』）。 国立国会図書館

平安時代
800　　　850　　　900　　　950

Part.1 古代／いにしえの謎をときあかす文書

学術

【わみょうるいじゅうしょう】
成立年 930年代
# 倭（和）名類聚抄

日 造天地経云仏令宝応菩薩造日
（日『造天地経』には、仏が宝応菩薩に日を造らせたとある）

著者
源順（みなもとのしたごう）

## 背景 詩文にすぐれた著者が作成

　勤子内親王の命を受け、学者で歌人の源順が著した百科漢和辞書。書名は『倭名類聚鈔』『和名類聚抄』と表記されることもある。略称は『和名抄』。「類聚」とは「同じ種類のものを集める」という意味だ。

　辞書としての形式は、名詞をまず漢語で示し、漢籍を引用しながら解説をするというもの。また、各名詞の日本語での読み（和名）を万葉仮名で示している。

　10巻本と20巻本があり、それぞれの写本が伝わっている。20巻本では、当時の国・郡・郷の名称も取り扱っている。

## 内容 あらゆる名詞を漢籍に基づき解説

　たとえば天文分野の「日」の説明は、「『造天地経』には、仏が宝応菩薩に日を造らせたとある」となっている。

　「陽烏（ようう）」という項目では、「『歴天記』には、太陽の中に足の3本ある烏（からす）がいるとある。その烏の色は赤いという。『文選』でいう陽烏や『日本書紀』でいう頭八咫烏（やたがらす）だと考えられる」と記されている。

　このような形で、天文から人体の各部、病気、動物、植物、地名まで、あらゆる名詞を、10巻本では24部に、20巻本で32部に分類して解説している。

『和名類聚抄』の写本。
国立国会図書館

平安時代

850　　　900　　　950

# 枕草子 【まくらのそうし】

成立年 平安時代中期

> 春はあけぼの。やうやう白くなりゆく山際、少し明かりて、紫だちたる雲の細くたなびきたる
> （春はあけぼの。だんだんと辺りが白んでいって、山の稜線の辺りが、ほんのりと明るくなり、赤みを帯びた紫雲が細くたなびくころの、すばらしさ）

著者
清少納言

## 背景 宮仕えの才媛が執筆

　一条天皇の中宮定子に仕えていた清少納言が執筆した随筆集。随筆文学の祖といわれ、鴨長明の『方丈記』、吉田兼好の『徒然草』と並んで日本三大随筆とも評されている。

　平仮名を中心とした簡明な和文で書かれており、全体的に軽妙な短編が多い。そのため、現代人にも比較的読みやすいものとなっている。

　清少納言は、歌人の清原元輔の娘で和漢の教養が高く、当時から才女として知られていた。なお、清少納言というのは一種の役職名であり、本名はわかっておらず、正確な生没年も不明だ。同時代人である紫式部は、『紫式部日記』のなかで清少納言を厳しく批判している。

## 内容 明るく知的な「をかし」の文学

　『枕草子』に書かれている内容は、大きく3種類に分けられている。ひとつは、日常生活や四季の自然をすぐれた感覚で観察したものだ。有名な「春はあけぼの〜」などは、ここに分類される。

　ふたつ目は、「すさまじきもの」や「うつくしきもの」といった言葉からの連想を綴った「ものづくし」と呼ばれるもの。3つ目は、定子に仕えていたころの宮廷での生活をふり返った回想録である。

　そのどれもが、明るく理知的な筆致で記されており、そのことから『枕草子』は「をかし（知性的な美）」の文学といわれている。

清少納言の肖像（出典『前賢故実』）

平安時代　950　1000　1050

# 【げんじものがたり】
# 源氏物語

**成立年** 平安時代中期

> いづれの御時にか。女御・更衣あまたさぶらひ給ひけるなかに、いとやむごとなき際にはあらぬが、すぐれて時めき給ふありけり
> （どの時代の帝のことであろうか。多数おられる女御・更衣のなかに、それほど高い家柄の出身ではないが、特別に帝の寵愛を受けられた女性がいた）

**著者** 紫式部

## 背景 藤原道長の支援により完成

光源氏の生涯と、その子である薫の半生を通して、平安時代の貴族社会を描いた長編物語。全54帖で、41帖までは光源氏が主人公、そのあとは薫が主人公となる。

著者の紫式部は、下級貴族で漢詩人、歌人であった藤原為時の娘だ。20代で結婚して一女をもうけたが、夫と死別。その後、『源氏物語』を書きはじめた。やがて、物語の評判を聞いた藤原道長に召し出されて、道長の娘で一条天皇の中宮である彰子に仕えるようになり、道長の支援を受けながら『源氏物語』を完成させたという。

この時代の女性の通例として、紫式部の正確な生没年、本名などは未詳だ。

## 内容 現代でも愛され続ける宮廷絵巻

『源氏物語』は一般的に、その内容から3部構成として考えられている。第1部は、光源氏が派手な恋愛をくり広げながら、貴族として出世していく物語。第2部は、光源氏が世の無常を悟り、出家を志す物語。第3部は、薫を中心に源氏没後の子孫たちの人生を描いた物語である。

ちなみに、「世界最古の長編小説」ともいわれる『源氏物語』だが、日本国内には『竹取物語』があるので、厳密には正しくない。

さまざまな作家が現代語訳を試み続けており、長く愛されている作品であることは間違いない。

紫式部の肖像（出典『前賢故実』）。

# 御堂関白記

【みどうかんぱくき】

成立年 11世紀前半

九月十日、丁卯、子時許従宮御方如方来云、有悩御気者、参入
（九月十日、丁卯、子の刻のころ、中宮（彰子）の産所から女方が来て言ったことには、「中宮が産気づかれました」と。産所に参入した）

著者
藤原道長

## 背景　藤原氏の全盛期を築いた道長が綴った

　平安時代の貴族である藤原道長の日記。道長は995年に右大臣となったが、その後も甥の藤原伊周と激しく権力争いを行ない、これを勝ち抜いた。それから、4人の娘を次々と天皇の后にすることで権勢を極め、以後約30年間、実質的に宮廷を動かし続けた。

　日記が書かれたのは、道長が権力を握った直後の33歳から晩年の56歳までの期間であり、藤原氏による摂関政治や当時の貴族の暮らしぶりを知る貴重な資料となっている。自筆原本14巻が現存する。

　『御堂関白記』の御堂とは、道長自身が建立した法成寺のこと。なお、道長は関白の地位に就いたことはなく、日記の名称は後世つけられたものだ。

## 内容　日記が書かれたのは暦の余白部分

　『御堂関白記』は具注暦という暦の余白に書かれている。現代の感覚からすると日記を余白に書くのは意外だが、当時は一般的だったようだ。

　公私のさまざまな出来事が記されており、一条天皇の后となった娘の彰子が出産した日のことなども詳細に記されている。

　ところで、道長といえば、権力の絶頂で詠んだ「この世をば わが世とぞ思ふ 望月の 欠けたることも なしと思へば」という歌が有名だが、日記には記載されていない。この歌が記されているのは、同時代の貴族である藤原実資の日記『小右記』だ。

『御堂関白記』の原本。

平安時代　950　1000　1050

# 大鏡【おおかがみ】

**成立年** 平安時代後期

> うたてげなるおきな二人、おうなといきあひて、おなじところにゐぬめり
> （異様な感じがする老爺ふたりと老婆が偶然に来合わせて、同じところに座っておりました）

**著者** 不明

## 背景 時代の転換期に著されるも著者は不明

　仮名文字で書かれた歴史物語。正確な成立年は不明で、作者に関しても、寂念、藤原能信、源顕房など平安時代後期の官人、公家、歌人の名前が多数挙がっているが、いまだ明らかになっていない。歴史に対して批判的な視点で書かれていることから、高い教養と知性の持ち主の手によるものであることは確かだ。

　『大鏡』の影響を受け、以後、南北朝時代ぐらいまでのあいだに「鏡物」と呼ばれる歴史物語の『今鏡』『水鏡』『増鏡』が次々と書かれた。『大鏡』を合わせた4作を「四鏡」ともいう。ちなみに『大鏡』以外も、成立年、著者は未詳である。

## 内容 対話形式で展開する摂関政治批判

　京都の雲林院でふたりの老人が対話する形式で、9世紀後半の文徳天皇の治世から、11世紀の後一条天皇の治世までの170年以上の歴史が物語風に語られている。とくに中心となっているのは藤原道長の一代記だ。

　著者は藤原氏の摂関政治を快く思っておらず、かなり批判的に書いている。その点から、著者の正体は摂関家に近いところで働いていた人物ではないかともいわれている。

　書名につけられた「鏡」とは、「歴史というのは、過去・現在・未来を映す鏡である」という著者の主張が込められたものだ。

慶長・元和年間に出版された『大鏡』。 国立国会図書館

# 今昔物語集

【こんじゃくものがたりしゅう】

成立年 平安時代末期

今ハ昔、信濃ノ守藤原ノ陳忠（のぶただ）ト云フ人有ケリ
(今となっては昔のことだが、信濃国（長野県）の国司で藤原陳忠という人がいた)

編纂者 **不明**

## 背景　1000話以上の物語を収録

　仏教説話と民間説話を平易な和漢混交文で記した説話集。説話とは、古くから伝えられてきた物語のことだ。

　全31巻だが、8巻、18巻、21巻が欠けており、1040話が現存。正確な成立年代は不明なものの、平安時代末期にまとめられたと考えられている。編者も不明だが、公家の源隆国（たかくに）だといわれている。

　全体は、天竺（インド）、震旦（中国）、本朝（日本）の3部で構成されており、さらに本朝は仏法部と世俗部に分かれている。当時の民衆や武士の生活を生き生きと描いた物語も多く、この時代の人々の考え方や暮らしぶりを知る貴重な資料となっている。

## 内容　芥川龍之介も影響を受ける

　すべての物語が「今ハ昔（今となっては昔のことだが）」という書き出しではじまっており、書名はここから来ている。物語の終わりはすべて「トナム語リ傳ヘタルトヤ（と、このように語り伝えられているのだという）」という結びの句で締められている。

　後世の『宇治拾遺物語（うじしゅうい）』などの説話集に大きな影響を与えたとされており、さらに大正期の作家である芥川龍之介にも多大な影響を与えた。芥川の代表作『羅生門』や『鼻』は、『今昔物語集』のなかにある話に材を取ったものである。

昭和初期に出版された『宇治拾遺物語』。国立国会図書館

平安時代　1100　1150　1200　鎌倉時代

## 【りょうじんひしょう】
# 梁塵秘抄

成立年 1179年(治承3年)ごろ

> 遊びをせんとや生れけむ、戯れせんとや生れけん、
> 遊ぶ子供の声きけば、我が身さえこそ動がるれ
> （遊びをしようとして生まれてきたのだろうか、それとも戯れをしようとして生まれてきたのだろうか。無心に遊ぶ子どもの声を聞いていると、自分の体までもが自然に踊り動くように思われる）

編纂者

後白河法皇

### 背景 「今様狂い」と評された後白河法皇

　後白河法皇がみずから編纂した今様歌謡の集成。今様とは「現代的」という意味で、平安時代の流行歌のことだ。後白河法皇は若いころから今様に耽溺しており、一日中歌い続けて喉を潰したこともあったと伝えられている。

　当時、今様は漢詩や和歌などに比べて低く見られており、法皇の熱中ぶりは周囲から「今様狂い」と呆れられた。だが、法皇は周囲の批判を意に介さず、それどころか流行歌ゆえに後世に残らないことを恐れ、『梁塵秘抄』を作成したという。「梁塵」とは「すばらしい音楽」という意味で、名人の歌声で梁の上の塵が動いたという故事から来ている。完成当初は全20巻だったといわれているが、その多くは散逸してしまい現存していない。

### 内容 歌としての再現は非常に困難

　『梁塵秘抄』には、今様の起源と歴史から、歌詞、法皇自身と今様の関わりなどが記されている。まさに、今様にまつわるあらゆる事柄を網羅したものといっても過言ではないだろう。歌詞のなかには極楽浄土を歌ったものもあり、このころからの浄土教の広まりを示している。

　現存している『梁塵秘抄』の一部には、実際の歌い方や音律、拍子なども記されているが、その内容は難解で、歌として再現するのは困難とされている。そういう意味では、今様を後世に残したいと考えた法皇の願いは、半分成就し、半分失敗したといえる。

京都市の永観堂禅林寺に立つ今様の碑。

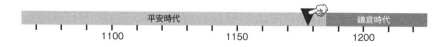

## column まだまだある古代の文書・書物

### 新撰姓氏録
【しんせんしょうじろく】

成立年 815年（弘仁6年）

古代の畿内で暮らしていた1182氏の系譜を集成した氏族名鑑。嵯峨天皇の命で編纂された。諸氏を出自により「皇別」「神別」「諸蕃」に分類し、その祖先と氏名の由来、分岐の変遷などが記述されている。

### 日本霊異記
【にほんりょういき】

成立年 822年（弘仁13年）ごろ

現存する日本最古の説話集。著者は薬師寺の僧景戒であり、仏教思想の影響を色濃く受けた因果応報譚が多い。正式な書名は『日本国現報善悪霊異記』。上・中・下の全3巻に、計116話が収められている。

### 伊勢物語
【いせものがたり】

成立年 10世紀前半

和歌にまつわる説話をまとめた歌物語。全1巻。平安時代初期の歌人在原業平をモデルにした物語であり、各章段の冒頭が「昔、男ありけり」という文章ではじまることから、主人公は一般的に「昔男」と呼ばれている。

### 土佐日記
【とさにっき】

成立年 935年（承平5年）

平安時代の貴族であり歌人の紀貫之が、国司として赴任していた土佐国から京に帰る途中に起こった55日間の出来事を記した日記文学。著者は自身を女性に仮託して、ほとんどの文章を仮名文字で書いている。

### 往生要集
【おうじょうようしゅう】

成立年 985年（寛和元年）

天台宗の僧源信の記した仏教書。死後に極楽往生するには、念仏がもっとも大切であると説き、浄土信仰の基礎をつくった。また、死後の世界について詳細な解説をしており、後世の地獄・極楽観に影響を与えた。

Part.2

中世

# 知られざる実態が見えてくる文書

## 文学 【へいけものがたり】 平家物語

**成立年** 鎌倉時代前期

> 祇園精舎の鐘の聲、諸行無常の響あり。沙羅雙樹の花の色、盛者必衰の理をあらはす
> （祇園精舎の鐘の響きは、万物流転のつねならぬ世のありさまを伝え、沙羅双樹の花の姿は、栄える者のかならず滅びゆく道理を告げる）

**著者** 信濃前司行長？

### 背景 琵琶法師が全国を巡り語り継ぐ

平家の栄華と没落を描いた軍記物語。軍記物語とは、実際の合戦を題材とした文芸のことである。

著者は不明とされているものの、吉田兼好の『徒然草』には、「『平家物語』の著者は信濃前司行長なる人物であり、行長が生仏という盲目の僧に教えて語り手にした」と記されている。

兼好の記述が事実かどうかは不明だが、実際、『平家物語』は全国を巡回する盲目の僧形の芸能者たちが琵琶の演奏とともに語り継いだことで、広く知られるようになった。これらの僧形の芸能者のことを「琵琶法師」といい、彼らが琵琶の伴奏で『平家物語』を語る芸能を「平曲」という。

### 内容 「春の夜の夢の如し」の平家の栄枯盛衰

『平家物語』で描かれているのは、清盛の父忠盛の時代から、保元・平治の乱を経て1185年の壇の浦の戦いまでの期間である。このわずか30年弱のあいだに平家は権力の頂点に立ったかと思うと、瞬く間に没落していった。まさに、『平家物語』の冒頭で語られているとおり、「驕れる人も久しからず、唯春の夜の夢の如し」である。

その冒頭部分では「祇園精舎の鐘の聲、諸行無常の響あり」というフレーズも非常に有名。祇園精舎とは、インドにある仏教の聖地のことだ。ただ、本物の祇園精舎には、21世紀になるまで鐘は存在していなかった。

インドの祇園精舎があった場所。

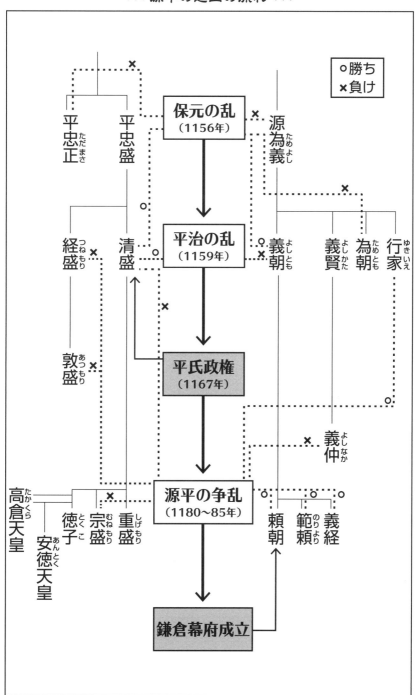

# 方丈記
【ほうじょうき】

文学

成立年 1212年（建暦2年）

> ゆく河の流れは絶えずして、しかももとの水にあらず
> （河の流れは絶えることがなく、しかも流れ行く河の水は移り変わり元の水ではない）

著者
鴨長明

## 背景 3メートル四方の狭い草庵で執筆

中世の日本文学を代表する随筆であり、日本三大随筆のひとつ。漢字と仮名の混ざった和漢混交文で書かれており、簡潔かつ洗練されたその文体は、後世の評価も高い。

著者の鴨長明は賀茂御祖神社（かもみおや）の神職の家に生まれ、自身も神職の地位を得ようとしたが、親族の妨害によって挫折。失意のなか50歳で出家すると、京都の日野山で隠棲生活を送るようになった。そこに建てた一丈（約3メートル四方）ほどの狭い草庵で執筆されたのが、『方丈記』である。

激しい変動期だった平安末期の世相と相次いだ天変地異に、長明は不遇だった自分の人生を重ね合わせ、世の無常を記している。

## 内容 立て続けに起こった平安末期の災禍

『方丈記』の前半には、平安時代末期に起こった五大災厄について記されている。その5つとは、①1177年の京の火災（安元の大火）、②1180年に京を襲った竜巻（治承の竜巻）、③同年の平清盛による福原遷都の失敗、④1181〜82年の2年間続いた大飢饉（養和の飢饉）、⑤1185年に発生した大地震（元暦の地震）だ。

後半では長明自身の人生をふり返った述懐と、日野山での隠遁生活の日々が淡々と記されている。全体を貫いているのは無常観であり、冒頭の有名な一文「ゆく河の流れは〜」にもそれがはっきりと表われている。

下鴨神社（賀茂御祖神社）境内にある復元された草庵。

平安時代　1150　1200　鎌倉時代　1250

# 【ぐかんしょう】
## 愚管抄

**史書**

**成立年** 1220年（承久2年）

> 宇治殿ノ時、一ノ所ノ御領御領トノミ云テ、庄園諸国ニミチテ受領ノツトメタヘガタシ
> （とくに宇治殿（藤原頼通）の時に、「摂関家の御領だ、摂関家の御領だ」と言って諸国に荘園があふれ、受領の任務が果たせない）

**著者** 慈円

### 背景　貴族社会から武家社会への移行

　初代の神武天皇の時代から、1221年に勃発した承久の乱直前までの歴史書。著者の慈円は、天台宗の座主を務めた学僧であり、歌人としても知られる。父は関白の藤原忠通であり、兄の兼実も関白を務めていた。

　そういう意味では、慈円は朝廷側の人間だが、『愚管抄』は朝廷から武士へと政治の実権が移ったことを歴史の必然と捉えている。承久の乱は、後鳥羽上皇が朝廷の権威を復活させるために鎌倉幕府執権の北条義時に対して討伐の兵を挙げたことで起こった兵乱だ。一説によると、慈円は『愚管抄』を後鳥羽上皇に献上することで討幕計画を諫める意図があったという。だが、後鳥羽上皇は無謀な挙兵をした挙句に敗れ、朝廷の権威は失墜した。

### 内容　「道理」と「末法思想」の歴史哲学書

　慈円は『愚管抄』を通して、歴史の「道理」について考察している。「道理」とは、歴史の変転を合理的、理性的に捉えようとするものだ。これに基づいて慈円は、「道理は時代によって変化して、世を守り、人を守るものだ」といっている。そして、鎌倉幕府の存在を道理にかなったものとして評価している。

　また、当時の社会状況を、仏の教えが通じなくなった乱世である「末法の世」として見ている。

　「道理」と「末法思想」によって歴史を読み解こうとした『愚管抄』は、単なる歴史書ではなく、歴史哲学書ともいうべきものだ。

江戸時代後期の写本。　国立国会図書館

| 平安時代 | | 鎌倉時代 |
|---|---|---|
| 1150 | 1200 | 1250 |

# 御成敗式目

【ごせいばいしきもく】

制定年 1232年（貞永元年）

> 右、右大将家の御時定め置かるる所は、大番催促・謀叛・殺害人 付けたり、夜討、強盗、山賊、海賊等の事なり
> （このことについて、右大将家（源頼朝）の時代に定めおかれたのは、大番役の催促、謀叛人・殺害人（夜討ち・強盗・山賊・海賊を付け加える）の逮捕などの事柄である）

中心人物
北条泰時（やすとき）

## 背景 武家社会への移行に合わせて法を制定

　承久の乱後、幕府の勢力範囲は拡大した。それに伴い、従来の律令では武家社会に対応できない事態も増加。そこで、3代執権北条泰時が中心となり、源頼朝以来の先例と武家社会の慣習を基に制定した、武家のための裁判規範が「御成敗式目」だ。式目とは法令の意味。成立年から、「貞永式目」とも呼ばれる。

　もっとも、「御成敗式目」を制定したものの、鎌倉幕府にはこれまでの律令を廃止する意志はなかった。そのことは、泰時が式目制定の趣旨を朝廷に説明した書状に書かれている。

　式目は御家人にだけ適用されるものであり、従来どおり、朝廷の支配下では公家法、荘園領主の下では本所法が効力を持ち続けた。

## 内容 明治維新まで有効性を保ち続ける

　「御成敗式目」は全部で51カ条から成っている。この数は、「憲法十七条」のちょうど3倍であり、意図的なものであったと考えられている。

　条文の内容は、守護・地頭の職務・権限に関するものから、御家人の所領相続・処分に関するもの、朝廷との関係など多岐にわたる。子のいない女性が養子を取って土地を相続することを認めるなど、女性の地位が低くないこともわかる。

　この式目は、鎌倉幕府の滅亡後も効力を失わず、基本的には以後の政権にも引き継がれた。完全に有効性を失ったのは、明治維新後のことである。

北条泰時の肖像（出典『柳菴随筆』）。

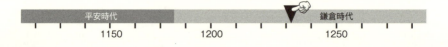

# 喫茶養生記【きっさようじょうき】

**学術** | 成立年 1214年（建保2年）？

> 茶は養生の仙薬なり。延齢の妙術なり。
> （茶は養生の仙薬であり、寿命を延ばす妙術を備えたものでもある）

著者　栄西（えいさい）

## 背景　最初は薬として重用された茶

　日本の臨済宗の開祖である栄西が、茶の薬効について記した書物。茶に関する日本最古の書物とされる。正確な発表年は不明だが、一説には1214年に鎌倉幕府3代将軍源実朝が二日酔いに苦しんでいるとき、栄西が一服の茶とともにこの本を献じたと伝えられている。

　中国から日本にいつ茶が入ってきたのかははっきりしていないが、9世紀に唐に留学した空海や最澄が持ち帰ったというのが定説だ。その後、茶を飲む習慣は廃れてしまったが、宋に留学した栄西がふたたび茶を日本に持ち帰ったことで、日本文化に喫茶の習慣が定着したという。ただ、当初は嗜好品ではなく、薬として服用するのが一般的であった。

## 内容　下巻では桑の薬効について解説

　上下巻から成っており、上巻ではまず、五臓の調和が健康の基本であることを説いている。そして、心臓には苦味が必要だが、日常の食事で苦味を摂取するのは難しいので、茶を飲むのがよいとしている。

　その上で、茶の栽培方法から葉の摘み取り方、製法、効能などを記し、茶を服用することで病を治す方法についても解説している。

　下巻は茶についてではなく、さまざまな病気に対する桑の薬効とその用法が記されている。そのため『喫茶養生記』は、『茶桑経（ちゃそうきょう）』とも呼ばれていた。

建仁寺に立つ茶碑（京都市）。

平安時代　　鎌倉時代
1150　　1200　　1250

## 文学 源平盛衰記 【げんぺいじょうすい(せいすい)き】

成立年 鎌倉時代後期？

> 昔漢高祖沛公たりし時、項羽と雍丘と云所にて、秦の軍と合戦す。沛公の兵、諸侯に先立て覇上に至る
> (昔、漢の高祖の劉邦が沛公だったとき、項羽と雍丘で、秦の軍と合戦をした。沛公の兵は、諸侯よりも先に覇上に至る)

著者
不明

### 背景 『平家物語』の3倍もの長さ

　平氏と源氏の争いを描いた軍記物語。『平家物語』と内容はほぼ同じであり、『平家物語』の異本の一種ともみなされている。ただ、『源平盛衰記』のほうが3倍近く長い。

　正確な成立年代も、著者も未詳。一般的には、『平家物語』を基に加筆されたものと考えられているが、『源平盛衰記』のほうが先に存在したという説もある。著者に関しては、鎌倉時代初期の文学者葉室時長という説も唱えられている。

### 内容 後世、落語や講談の題材にもなった

　『平家物語』と同じ内容を扱っている『源平盛衰記』だが、前者が平氏中心の物語であるのに対し、後者は源氏からの視点を加え、さらに仏教説話や中国の故事などが数多く挿入されている。そのため、『平家物語』よりもかなり長くなっているのだ。

　『源平盛衰記』だけに見られる逸話としては、源(木曾)義仲が倶利伽羅峠の合戦で「火牛の計」を使う場面などが代表的なもの。琵琶法師の「語り物」として成立した『平家物語』に対し、『源平盛衰記』は最初から「読み物」として書かれたという点でも異なる。

　後世の文芸への影響も『源平盛衰記』のほうが大きく、謡曲や浄瑠璃、さらには落語や講談の題材ともなった。

寛永年間に出版された『源平盛衰記』。

## 【しょうぼうげんぞう】正法眼蔵

**成立年** 1253年（建長5年）

> 佛佛祖祖、いまだまぬかれず保任しきたれるは
> 即心是佛のみなり
> （仏や祖師たちが、連綿と保持してきたものは即心是仏のみである）

**著者** 道元

### 背景　仮名文字で書かれた曹洞禅の神髄

禅宗である日本曹洞宗の開祖の道元が、1231年から亡くなる1253年まで書き続けていた仏教思想書。曹洞宗の禅の本質や規範について記されている。全87巻の大著だが、さらに書き続ける計画があったという。書名は「正しい真理を見る眼を開かせる」または「正しい真理の言葉集」という意味だ。

鎌倉仏教関連の著作物のほとんどが漢文で書かれているなか、『正法眼蔵』は仮名文字を使い日本語で書かれている。これは、道元ができるだけ多くの人々に真理をわかりやすく伝えたいと願ったからだとされている。

ちなみに、『正法眼蔵随聞記』という似た書名の本もあるが、こちらは弟子の懐奘が記した道元の説法集である。

### 内容　トイレでの作法まで解説

『正法眼蔵』のなかで道元は、ひたすら座禅を組むことで悟りが開けると説き、修行は悟りのための手段ではなく、修行と悟りは一体のものだとも説いた。この思想は道元の死後も受け継がれていき、『正法眼蔵』は曹洞宗において現在も根本聖典とされている。

道元は日常生活も修行の一環と考えていた。たとえば『正法眼蔵』には、トイレでの作法について、中への入り方から、手の洗い方、尻の拭き方に至るまで事細かに記されている。これもまた曹洞宗では立派な修行のひとつなのだ。

道元が開いた永平寺（福井県永平寺町）。

**正法眼蔵** のつづき

### ◆◆◆ 鎌倉仏教の宗派や創始者 ◆◆◆

| 宗派 | 創始者 | 教義 | 中心寺院 |
|---|---|---|---|
| 浄土宗 | 法然 | 絶対他力、専修念仏 | 知恩院 |
| 浄土真宗<br>（真宗・一向宗） | 親鸞（しんらん） | 一向専修、悪人正機 | 東本願寺、<br>西本願寺 |
| 時宗 | 一遍 | 踊念仏 | 清浄光寺 |
| 法華宗<br>（日蓮宗） | 日蓮（にちれん） | 題目唱和、法華経主義 | 久遠寺、<br>中山法華経寺 |
| 臨済宗 | 栄西 | 坐禅、公案 | 建仁寺、建長寺 |
| 曹洞宗 | 道元 | 修証一如、只管打坐 | 永平寺 |

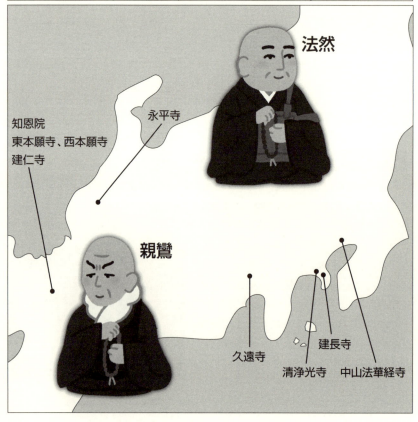

知恩院
東本願寺、西本願寺
建仁寺

永平寺

法然

親鸞

久遠寺　建長寺
　　　清浄光寺　中山法華経寺

Part.2 中世／知られざる実態が見えてくる文書

政治
## 【りっしょうあんこくろん】
# 立正安国論

成立年 1260年（文応元年）

> 汝、早く信仰の寸心を改めて、速かに実乗の一善に帰せよ。然れば即ち三界は皆仏国なり
> （早く信仰の心を改めて法華経を信ずる一徳行に帰依しなさい。そうすれば、生死に苦しむこの世界はみな仏国となる）

著者
日蓮

## 背景 法華経の正法を信奉させるために日蓮が呈上

　日蓮宗の開祖である日蓮が、鎌倉幕府の最高権力者である5代執権の北条時頼（ときより）に提出した文書である。

　地震や飢饉、疫病などの災厄が相次いだ当時の社会状況に対し、日蓮宗の信奉する法華経だけが社会の不安を取り除ける正しい教えだと説いた。文書名は、「国家の安穏を得る（安国）、正しい法（立正）」という意味だ。

　この文書のなかで日蓮は、早く法華経の信仰に立ち戻らなければ、いずれ外国の侵略を受けることになるとも警告している。その予言が当たったかどうかは別にして、1274年と1281年にモンゴル帝国が日本に襲来し（文永の役（ぶんえいのえき）、弘安の役（こうあんのえき））、鎌倉幕府の屋台骨を揺るがせた。

## 内容 襲撃を受けた上に伊豆に配流

　日蓮宗は、はっきりと他宗派を否定して、自宗派のみが正しい教えであるとする姿勢を打ち出していた。『立正安国論』のなかでも日蓮は、この時代、広く信仰されていた浄土宗を「邪法」と厳しく非難し、その排除を北条時頼に求めている。

　当然、このような姿勢は浄土宗の強い反発を受け、『立正安国論』の発表直後、日蓮は浄土宗の信者に襲撃され、草庵を焼き討ちされている。さらに、臨済宗を信じていた時頼の不興も買い、発表の翌年に日蓮は伊豆国へ流罪となった。

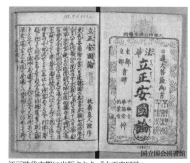

江戸時代末期に出版された『立正安国論』。
国立国会図書館

# 歎異抄（鈔）

【たんにしょう】

**学術** | **成立年** 鎌倉時代後期

> 善人なをもちて往生をとぐ、いはんや悪人をや
> （善人でさえ極楽に往生するのですから、悪人が往生できないはずはありません）

**著者**
唯円（ゆいえん）

## 背景　多くの異義を否定するため弟子が執筆

　浄土真宗の開祖である親鸞の教えを、弟子の唯円が師の死後にまとめた仏教書。序文を除くと、全体は18条で構成されている。

　1262年に親鸞が亡くなると、浄土真宗の教団内には教えをめぐって、さまざまな異説が湧き上がる状態となってしまった。そこで唯円は、直接親鸞から聞いた正しい教えと異説に対する自身の意見を伝えるため、『歎異抄』を記したという。書名は、「異説」を「歎く」という意味だ。ただ、著者については親鸞の孫である如信（にょしん）説や、本願寺第3世の覚如（かくにょ）説もある。

　原本は存在しておらず、現存するなかでいちばん古い写本は、本願寺第8世蓮如（れんにょ）による室町時代のものだ。

## 内容　自分の弱さを知っている悪人

　『歎異抄』といえば、「善人なをもちて往生をとぐ、いはんや悪人をや」の悪人正機説が有名だろう。これは、「善人でさえ極楽往生できるのに、まして悪人が往生できないことがあろうか」という親鸞の教えである。

　浄土宗、および浄土真宗では、ひたすら阿弥陀如来の力にすがれば、極楽に行けると説いた。これを「他力」という。善人よりも悪人のほうが煩悩から逃れられないことを知っているので素直に「他力」に頼ることができる、というのが「悪人正機説」の本来の意図だ。悪いことをしても極楽に行けるという意味ではない。

親鸞が暮らした地に建つ西念寺（茨城県笠間市）。稲田池・西念寺提供

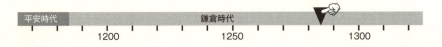

# 【あづまかがみ】
## 吾妻鏡

**史書**

**成立年** 鎌倉時代末期

> 名を惜しむの族は、早く秀康・胤義等を討ち取り三代将軍の遺跡を全うすべし
> （名誉を重んずる者は藤原秀康・三浦胤義らを討ち取り、3代の将軍の功績である幕府を守るべきです）

**編纂者** 不明

### 背景「四鏡」には入らない「鏡」

　鎌倉幕府が作成した公式な歴史書。1180年の源頼政の挙兵から、1266年の宗尊親王の帰京までが日記体で記されている。原文の大部分は散逸しているが、何種類かの写本が伝わっており、一般的には全52巻とされている。

　編者は不明。幕府中枢にいた複数の者により作成されたと考えられている。日記体で記されているものの、日記ではなく、さまざまな資料を寄せ集めてつくられたものだ。そのため、史実と確認できない記述があるほか、編纂当時の権力におもねった、かなり偏った記録になっているともいわれている。

　ちなみに、書名に「鏡」とあるが、公的歴史書であることや日記体であることから、『大鏡』などの「鏡物」とは別物であり、「四鏡」に含まれない。

### 内容 鎌倉幕府というより北条得宗家の歴史

　『吾妻鏡』が、もっとも偏っている点は、すでに北条得宗家が幕府の実権を握っていた時代に編纂されているため、鎌倉幕府初代将軍であった源頼朝から3代将軍実朝までの源氏三代の評価が厳しいということだ。一方で、北条得宗家、とくに3代執権の北条泰時の功績は大きく扱われている。

　承久の乱の際、御家人たちをひとつにまとめ、朝廷を打ち破るのに大きな役割を果たしたとされる北条政子の有名な演説も『吾妻鏡』に記録されている。表題下に示したのが、その一部分である。

北条政子の肖像（出典『前賢故実』）。

## 文学 【つれづれぐさ】
# 徒然草

成立年 1331年（元徳3年）ごろ

> つれづれなるままに、日暮らし、硯にむかひて、心にうつりゆくよしなしごとを、そこはかとなく書きつくれば
> （やるべきことがなくて、一日中、硯に向かって、心のなかに浮かぶとりとめもない考えを、書きつけてみたが）

著者
**吉田兼好**

## 背景 発表から100年ほどは注目を集めず

　鎌倉時代末期にまとめられた随筆で、日本三大随筆のひとつに数えられる。和漢混淆文と、仮名文字が中心の和文が混在した文体で記されており、序段と243段で構成されている。

　著者の吉田兼好（卜部兼好）は、京都吉田神社の神職の家に生まれ、若いころは官吏として朝廷に仕えていたが、30歳前後で職を辞し、出家。以後、隠遁生活に入った。その隠遁後の30代後半から40代後半にかけて書かれたとされるのが『徒然草』である。発表直後はあまり注目されなかったようで、評価が高まったのは江戸時代になってからのこと。現在は『方丈記』と並び、無常観の文学の代表とされている。

## 内容 暇つぶしで思いついたことを執筆

　兼好が生きていたのは、鎌倉幕府の滅亡から後醍醐天皇の建武の新政にかけての動乱の時代だ。『徒然草』は、そんな激しい変革期における人間と社会の在り様を鋭い観察力で記している。

　内容は多岐にわたり、兼好が興味を引かれた逸話や滑稽な話の紹介もあって、それぞれの長さもばらばら。それらが簡潔で自由な筆致で書かれている。

　ちなみに、書名の由来ともなった冒頭の「つれづれなるままに」とは、「やるべきことがなくて、手持ち無沙汰」という意味。「暇つぶしのために書いています」という兼好なりの謙遜の言葉だ。

1740年に出版された『徒然草』の絵本。

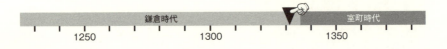

## 【にじょうがわらのらくしょ】
# 二条河原の落書

発表年 1334年（建武元年）

此頃都ニハヤル物 夜討 強盗 謀綸旨 召人 早馬 虚騒動

（近頃京都に流行しているものは、夜討、強盗、いつわりの綸旨、それに囚人、早馬、大したこともないのに起こる騒ぎ）

著者 不明

### 背景 世を乱した新政を批判

鎌倉幕府の滅亡後、後醍醐天皇はふたたび天皇中心の政治にするべく建武の新政に取りかかった。だが、強引な手法を取ったため新政は失敗に終わり、京の都は混乱に陥る。その直後に、後醍醐天皇の政庁にほど近い、京都二条河原に張り出された落書が、この「二条河原の落書」である。

落書とは、匿名の書き手による政治批判や政治風刺の文書のことだ。表立った政治批判ができなかった江戸時代ごろまで、落書は盛んに行なわれていた。

落書ゆえに著者は不明だが、漢籍などからの引用が見られる点や言葉の使い方が巧みなことから、書き手は貴族や僧など、高い教養を持った知識階級と考えられている。

### 内容 権力者だけでなく庶民も批判対象

88節から成る「二条河原の落書」の冒頭部分では、政情が不安定になるため京の都に通り魔や強盗が出没していることや、偽の命令書が飛び交っているさまを痛烈に皮肉っている。これらはすべて、天皇親政に原因があった。

だが、この落書の書き手は、建武の新政だけを批判しているわけではない。返す刀で、成り上がり者が多い世相や、当時流行していた連歌や田楽などの新しい文化に対しても、厳しい視線を向けているのだ。

そういう意味では、決して庶民の立場からの政治風刺ではない。

『群書類従』でも取りあげられている。

## 二条河原の落書 のつづき

### ◆◆◆「二条河原の落書」の前半抜粋 ◆◆◆

此頃都ニハヤル物　夜討　強盗　謀綸旨
召人　早馬　虚騒動
生頸（なまくび）　還俗（げんぞく）　自由出家
俄大名（にわかだいみょう）　迷者（まよいもの）
安堵　恩賞　虚軍（そらいくさ）
本領ハナル、訴訟人　文書入タル細葛（ほそつづら）
追従讒人（ついしょうざんにん）禅律僧　下克上スル成出者（なりでもの）
器用ノ堪否沙汰モナク　モルル人ナキ決断所
キツケヌ冠上ノキヌ　持モナラハヌ笏（しゃく）持テ　内裏マシワリ珍シヤ
賢者カホナル伝奏ハ　我モ我モトミユレトモ
巧ナリケル詐（いつわり）ハ　ヲロカナルニヤヲトルラム

---

近頃都（京都）に流行しているものは、夜討ち（夜襲、夜盗）、
強盗、いつわりの綸旨、それに囚人、早馬（急を知らせる使者の乗る馬）、
大したこともないのに起こる騒ぎ、
生首、還俗、自由出家（正当な手続きのない出家）、
俄大名、流浪人、
安堵＊¹や恩賞を得るための偽の合戦、
本領を離れた訴訟人、証拠書類を入れた細い籠、
おべっか使い、他人の悪口を言う者、禅律僧、下剋上をして成り上がる者、
能力の有無を判断せずに採用する雑訴決断所＊²。
かぶり慣れていない冠、上等な衣服、持ち慣れぬ笏を持ち、内裏に出入りすることが珍しい、
利口ぶった伝奏＊³は、我こそはと自信のある様子だが、
巧みな偽の訴訟を見抜けないようでは、愚かな者にも劣るというものだ。

＊¹ 土地の所有権や領有権、知行権などを、主君が家人に対して承認したこと。
＊² 建武政権の訴訟機関。
＊³ 朝廷と武家との取り次ぎをする者。

# 神皇正統記【じんのうしょうとうき】

成立年 1339年ごろ？

> 在位ノ君又位ニソナハリ給ヘルバカリナリ。世ノ末ニナレルスガタナルベキニヤ
> （天皇までがただ役に就かれたにすぎない名ばかりのものになってしまった。世も末の姿というべきではないだろうか）

著者
北畠親房（きたばたけちかふさ）

## 背景　城にこもりながら執念で執筆

　南北朝時代の公卿である北畠親房が記した歴史書。神話の時代から後村上天皇に至るまでの各天皇の事績と歴史の推移を簡潔に記している。

　南朝方の中心となって北朝と戦い続けた親房が『神皇正統記』を執筆した動機は、まだ幼かった後村上天皇に南朝の正統性を説くためだったとされている。親房が本書を執筆したのは、ちょうど常陸国（現在の茨城県）の小田城に籠城していたときであった。

　その後も親房は各地を転戦しながら北朝勢力と戦い続け、一時は京や鎌倉の奪回に成功するが、62歳で死去。実質的な指導者を失ったことで、以後、南朝勢力は衰退していった。

## 内容　天皇中心史観だが天皇・上皇も批判

　親房の歴史観は、基本的には天皇とそれを補佐する公家によって国家は運営されるべきであるというものだ。だが、同時に儒教の徳治主義の影響を受けていたため、天皇は高い徳を持っていなければいけないとも考えていた。

　それゆえ、院政で思うがままに政治を動かした白河上皇を厳しく批判し、「世も末だ」と嘆いている。

　また、承久の乱についても、朝廷の幕府への不満は心情的には理解できるとしつつ、とくに失政のなかった義時を討とうとした後鳥羽上皇の判断を強く糾弾している。

北畠親房の肖像（出典『前賢故実』）。

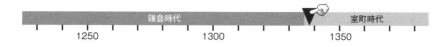

## 史書 【ばいしょうろん】 梅松論

成立年 1349年(貞和5年)ごろ？

> 古の興廃を改て、今の例は昔の新儀也、朕が新儀は未来の先例たるべしとて、新なる勅裁漸く聞えけり
> （過去に起こったりすたれたりしてきた諸制度を刷新し、「現代に先例として重んじられていることも、昔は新しい規則にすぎなかった。自分が決めた新しい規則は未来の先例となるであろう」ということで、天皇の新しい政治は徐々に進められていった）

著者
不明

### 背景 北朝を正統とする意図で執筆

鎌倉時代から南北朝時代初期までを記した軍記物語。全2巻。足利尊氏による室町幕府の設立が話の中心になっており、同時代を題材にした『太平記』が南朝側の立場から書かれたものであるのに対し、室町幕府と北朝の正統性を訴える内容になっている。

著者は不明だが、内容から尊氏の側近、ないしは室町幕府の関係者の手によるものと考えられている。書名については、「足利将軍家の栄華を京都の北野神社に咲く梅花にたとえ、足利一門の子々孫々の繁栄を同神社の老松にたとえてつけた」と巻末に由来がある。この部分を読むだけでも、本書が完全に足利寄りの視点で書かれていることがわかる。

### 内容 その後も続いた南北朝の動乱

『梅松論』は北野神社で老僧が歴史をふり返って語るという形式で書かれている。そういう意味では『大鏡』などの「鏡物」のスタイルと同じだといえる。

上巻では、建武の新政と新田氏と足利氏の対立までが、下巻では、足利勢が南朝方の金ヶ崎城を落とすところまでが記されている。

そして、尊氏が幕府を設立したことで、以後、天下泰平が続くといった記述で締められている。だが、南北朝の動乱が本格化するのは、じつはこれ以降のことだ。結局、動乱が収まったのは、幕府設立から半世紀以上もあとの1392年のことであった。

足利市に立つ尊氏の像。

鎌倉時代　1250　1300　1350　室町時代

# 太平記 【たいへいき】

**文学**

**成立年** 1371年ごろ？

> 同八月三日ヨリ、軍勢恩賞ノ沙汰有ルベシトテ、洞院左衛門督実世卿ヲ上卿ニ定メラル
> とういんさえもんのすけさねよ
> （同年八月三日から軍事関係の論功行賞を行なうことになり、洞院左衛門督実世をその責任者に選任した）

**著者** 小島法師？

## 背景　長期間にわたって記され南北朝の後期に成立

　14世紀後半に成立したと考えられている軍記物語。1318年の後醍醐天皇の即位から、鎌倉幕府の滅亡、建武の新政とその失敗、南北朝の分裂と対立、そして1368年の室町幕府3代将軍足利義満が登場するまでの約半世紀の歴史を記している。全40巻であり、これは日本の歴史文学のなかでは最長ともされる。

　著者は南北朝時代の僧である小島法師ともいわれているが、この人物のくわしい来歴が不明のため、作者未詳とされることが多い。小島法師については、晩年に出家した南朝方の武将児島高徳と同一人物という説もあるものの、児島高徳自体が実在しないという説もある。分量の多さから見ても、長い年月をかけて複数の者が書き継いでいったというのが実際のところだろう。

## 内容　武士にとっての基礎教養であり必読書

　基本的に南朝の立場から書かれている。ただ、後醍醐天皇に批判的な記述も見られ、一貫していない部分もある。このことからも、複数の作者の手によるものと考えられる。

　15世紀末までは宮廷などの狭い範囲でしか流布せず、多くの写本は16世紀後半のものである。元禄期に「太平記読み」と称される物語僧たちが語り継いだことで多くの人に広まり、講談にもなった。また、内乱の時代の史書としても読まれ、武士にとっては必読の書とされた。

『大日本名将鑑』に描かれた足利義満。

## 学術 【ふうしかでん】 風姿花伝

成立年 15世紀初頭

> されば、時分の花を、真の花と知る心が、真実の花に、なほ遠ざかる心なり
> （要は、一時の魅力を身についた永遠の魅力だと思い込むことが、本当の魅力からますます遠ざかることなのである）

著者
世阿弥

### 背景 能を芸術として完成させる

　世阿弥が記した能楽に関する芸術理論書。世阿弥は、父である観阿弥とともに室町幕府3代将軍足利義満に仕え、それまで庶民的な芸能だった猿楽や田楽を芸術にまで高めて能楽として完成させた。みずから脚本を書き、『高砂』『井筒』『実盛』などの謡曲は、今も能舞台で上演されている。

　父の死後も世阿弥は引き続き将軍家の庇護を受け、4代将軍義持に仕えていた1400年ごろに『風姿花伝』の主要部分を書き終えた。その後、1418年ごろまで断続的に加筆をしたものと考えられている。さらに後年、自身が歩んできた芸の道をふり返った『花鏡』を記したが、次第に将軍家の庇護を失い、6代将軍義教の時代になると、佐渡へと流された。

### 内容 「時分の花」と「真（まこと）の花」

　『風姿花伝』のなかで世阿弥は、「幽玄」や「物真似」など、現在も能において重視されている要素を、きちんと理論づけしている。

　芸術が観客に訴え、感動を与える力を「花」と名づけ、その「花」には「時分の花」と「真（まこと）の花」の2種類があるとも説いている。

　「時分の花」とは、若いころの見た目や声の美しさのこと。「真の花」とは、長い時間をかけた鍛錬と工夫や考案から生まれる美しさのことだ。そして、後者だけが観客に本当の感動を与えられるとした。

『洛中洛外図屛風』に描かれた能舞台。

鎌倉時代 ／ 室町時代　1350　1400　1450

# 庭訓往来【ていきんおうらい】

成立年 15世紀初頭？

> 灯台、火鉢、蝋燭台(ろうそくだい)、注文に載せられずと雖(いえど)も、進ずる所也
> （燭台*、火鉢、蝋燭の台は、あなたからの注文に書かれていませんでしたが、お届けします）
> *鉄製の足のついた、もしくは掛けておく形の燭台

著者 玄恵（げんえ）？

## 背景　武士や庶民の教育のために著される

　室町時代に成立したとされる、武士・庶民向けの教科書の一種。1年間を通した月ごとの往復の手紙12組24通に1通を加えた25通で構成されており、その手紙に書かれた文章から、文例や語彙を学ぶようになっている。庭訓とは、『論語』のなかにある「父親が庭を走り回っていた息子を呼び止め、勉強するように諭した」という故事から来ている。

　著者は、天台宗の僧である玄恵ともいわれているが、はっきりしたことはわかっていない。『庭訓往来』は発表以来、多くの人に愛用され、江戸時代に入っても寺子屋などで教科書として使用された。注釈本、絵入り本が数多くつくられ、そのバリエーションは数百種類にもおよぶという。

## 内容　語彙や文例を学びつつ一般常識も習得

　『庭訓往来』では、1月は「新年の会遊」について、2月は「花見詩歌の宴」についてなど、月ごとに決まったテーマで手紙のやりとりを交わす形式となっている。そのテーマごとの語彙や文例を覚えることに加え、同時にテーマにまつわる知識も得られるようになっている。

　たとえば2月の手紙では、「花見に行く際には、詩や連句を披露するために硯と懐紙などを持って来てほしい」と書かれている。これにより、詩、連句、硯、懐紙などの言葉を覚えつつ、花見でのマナーも学べる仕組みになっているのだ。

1536年に出版された『庭訓往来』。 国立国会図書館

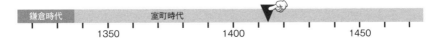

## 学術 【せつようしゅう】 節用集

成立年 15世紀中期？

伊勢　伊賀　伊豆　因幡……（※以下、語句が続く）

著者
不明

### 背景　多くの語句が集められ後世も改編増補される

　室町時代中期に成立したと考えられる国語辞書。日常で使われる語句を、いろは順に並べた辞書だが、基本的に語句の意味は書かれておらず、読み方だけがフリガナで示されている。ただ、いろはの文字ごとに、語句を「天地」「時節」「畜類」「草木」といった部門別に分けているため、何を示す言葉なのかが、おおよそわかるようになっている。

　著者は不明。時代を経るごとに原本に語句が追加されていったため、江戸時代には200種類もの異本があったとされている。室町時代には、これ以外にも『下学集（かがくしゅう）』といった辞書がつくられたが、『節用集』が後世までもっとも広く愛用された。

### 内容　昔の漢字の読み方を知ることができる

　たとえば「い」の項目では、まず「天地」の部門があり、伊勢、伊賀、伊豆、因幡、和泉、出雲、石見と地名を示す漢字が並んでいる。次の「時節」の部門では、夷則（いそく）（7月の異名）、一紀（いっき）（12年間）、朝暮（「いつも」と読む）といった調子で、時候を示す語句が並ぶ。

　現代の感覚からすると、あまり使い道のないように感じる辞書だが、当時は漢字の読み書きを覚えるのに役に立ったのだろう。『節用集』には現在と読みが違う漢字もあるため、語句の昔の発音がわかるという意味では貴重な資料でもある。

『節用集』の写本。
国立国会図書館

室町時代
1400　1450　1500

Part.2 中世／知られざる実態が見えてくる文書

# 【おうにんき】応仁記

文学

成立年 15世紀後半

> 応仁丁亥ノ歳天下大ニ動乱シ、ソレヨリ永ク五畿七道悉ク乱ル
> （応仁丁亥（一四六七）年、天下は大きく乱れ、これ以後長期にわたって、日本全国すべてが戦乱となった）

著者 不明

## 背景　終戦直後に書かれたとされる大乱の記録

室町時代の軍記物語。1467年に勃発し、約11年間も続いた応仁の乱について記されている。全3巻。著者も正確な成立年代も不明だが、記述の細かさから、乱を間近で見ていた人間が終結後間を置かずに書いたのではないかともいわれている。

ただ、『応仁記』には応仁の乱の終結までが書かれているわけではない。西軍の大将の山名持豊（宗全）と東軍の大将である細川勝元が、1473年に相次いで亡くなったところで記述は終わっているのだ。乱自体はこの後、さらに5年間も続いた。著者がなぜ途中で筆を置いたのかはわからないが、以後は惰性の小競り合いが続くので、物語として盛り上がりに欠けると判断したのかもしれない。

## 内容　日野富子悪女説の原因をつくる

応仁の乱を知る上で一級品の資料とされている『応仁記』だが、記述には不正確な部分もある。

たとえば、乱の原因を8代将軍足利義政の失政と述べているが、実際の原因は管領家の畠山氏と斯波氏の家督争いである。義政の正室の日野富子が息子義尚の後見を山名持豊に依頼したことも原因と記されているが、現在はほぼ否定されている。もっとも、同時代の別の記録でも、乱の原因は「わからない」とされているので、当時、事態を把握していた人は少なかったようだ。

上御霊神社に立つ「応仁の乱勃発地の碑」（京都市）。

**応仁記**のつづき

### ◆◆◆ 応仁の乱（1468年ごろ）の対立構造 ◆◆◆

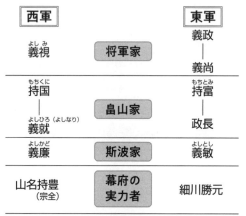

| 西軍 | | 東軍 |
|---|---|---|
| 義視（よしみ） | 将軍家 | 義政／義尚 |
| 持国（もちくに）／義就（よしひろ（よしなり）） | 畠山家 | 持富（もちとみ）／政長 |
| 義廉（よしかど） | 斯波家 | 義敏（よしとし） |
| 山名持豊（宗全） | 幕府の実力者 | 細川勝元 |
| 大内・一色・土岐・六角 | 有力大名 | 赤松・京極・武田 |

### ◆◆◆ 応仁の乱の流れ ◆◆◆

西 畠山義就軍 ×× 東 畠山政長軍

↓

応仁の乱勃発（1467年）

↓

東 細川勝元が花の御所を占領

↓

西 山名持豊が堀川の西に布陣

↓

西 大内政弘の軍が入京

↓

西 山内持豊 死去（1473年）

↓

東 細川勝元 死去（1473年）

↓

西 諸将が撤兵 ▶ 応仁の乱終結（1477年）

# 早雲寺殿廿一箇条

【そううんじどのにじゅういっかじょう】　成立年 16世紀？

> 上下万民に対し、一言半句にても虚言を申べからず
> （万民に対し、一言半句であっても嘘を言ってはならない）

**著者** 北条早雲？

## 背景　家臣統率のために小田原北条氏が策定

　戦国大名の小田原北条氏（後北条氏とも）に伝わっていたとされる21カ条の家訓。後北条氏の祖であり、俗称北条早雲として知られる伊勢宗瑞の作と考えられている。書名はそれに由来する。

　ただ、早雲がつくったという証拠はない。一説には、成立したのは江戸時代に入ってからともいう。

　基本的には家臣の持つべき心得が記されているものだが、戦国大名が自分の領地を治めるために制定した法律という側面もある。室町幕府の力が弱まり、戦国時代に入ると、各地の大名は独自の法律をつくるようになった。これを分国法という。おもな分国法に、今川氏の『今川仮名目録』や武田氏の『甲州法度之次第』、六角氏の『六角氏式目』、大内氏の『大内氏掟書』などが知られる。

## 内容　よい生活習慣から友人のつくり方まで

　第1条には「神様、仏様を信じなさい」とあり、次いで第2条、第3条では早寝早起きを推奨している。そのあとも、領民に嘘をついてはいけない、つねに本を読む、歌道も学ぶ、武芸の鍛錬も忘れてはいけないなどの家訓が示され、さらには、よい友人のつくり方までが記されているのだ。

　このほかにも、主君の前にいきなり現われたりするのは禁物で、用事があるときはかならず取次役を通すこと、といった細かなルールも定められている。

北条早雲の肖像。

### ◆◆◆「早雲寺殿廿一箇条」全条（一部抜粋）◆◆◆

一　第一、仏神を信じ申べき事。

二　朝はいかにもはやく起べし。

三　ゆふべには、五ッ以前に寝しづまるべし。

四　手水（ちょうず）を使はぬ先に、厠より厩・庭・門外まで見巡り、先づ掃除すべき所を、似合の者に言付、手水を早く使ふべし。

五　拝みをする事、身の行ひ也。

六　刀・衣裳、人のごとく結構に有べしと思ふべからず。

七　出仕の時は申に及ず、或は少き煩所用在之、（中略）髪をばはやくゆふべし。

八　出仕の時、御前へ参るべからず。

九　仰出さるゝ事あらば、遠くに祗候申たり共、先はやくあつと御返事を申し、

十　御通りにて物語抔する人のあたりに居べからず。傍へ寄るべし。

十一　数多まじはりて事なかれといふことあり。何事も人に任すべき事也。

十二　少の隙あらば、物の本をば見、文字のある物を懐に入、常に人目を忍び見べし。

十三　宿老の方々御縁に祗候の時、腰を少々折て、手をつき通るべし。

十四　上下万民に対し、一言半句にても虚言を申べからず。

十五　歌道なき人は、無手に賤き事なり。学ぶべし。

十六　奉公のすきには、馬を乗習ふべし。

十七　よき友を求めべきは、手習・学文の友也。

十八　すきありて宿に帰らば、厩面よりうらへ廻り、四壁・垣根・犬のくゞり所をふさぎ拵（こしらへ）さすべし。

十九　ゆふべは六ッ時に門をはたと立て、人の出入により、開けさすべし。

二十　ゆふべには台所・中居の火の廻り、我と見廻り、かたく申付、其外類火の用心をくせになして、毎夜申付べし。

二十一　文武弓馬の道は常なり。記すに及ばず。

# 塵芥集 【じんかいしゅう】

**法令** | 制定年 1536年（天文5年）

> たうそくに付て、おやこのとかの事、おやのとかハこにかけへし
> （盗賊について、親子の罪科のこと、親の罪はその子にかける）

中心人物
伊達稙宗（たねむね）

## 背景 「ちり・あくた」のように条文が多い

戦国時代に陸奥国を支配していた伊達氏の14代当主稙宗が制定した分国法。稙宗は、独眼竜で有名な政宗の曽祖父にあたる。

この時代、『甲州法度之次第』や『今川仮名目録』など、分国法が各地でつくられたが、『塵芥集』の条文は171もあり、これは現存する分国法のなかで最大規模である。

「塵芥」とは「ちり・あくた」のこと。条文の数が多いことから、この名称になったといわれている。また、謙遜の意味も込められているという説もある。当時まだ完全には効力を失っていなかった「御成敗式目」に、それなりに遠慮したのかもしれない。

## 内容 親の犯した罪は子どもも連帯責任

「ちり・あくた」というだけあって、微に入り細に入り、あらゆる事柄についての対応策が定められている。とくに刑法と領地の農民の取り扱いについては細かい。

たとえば、親が盗賊行為を働いた場合、その子どもも同罪になるが、離れて暮らしているなど両者に交流がなければ、子どもは無罪とするとある。

あるいは、農民が税を収めずに他の領主の土地に逃げ込んだ場合は盗人と同罪とし、さらに匿った者も同罪とするとしている。基本的には、かなり厳罰主義の法律といえる。

伊達氏が支配した地域。

室町時代　1450　1500　1550

## column まだまだある 中世の 文書・書物

### 選択本願念仏集
【せんち(じ)ゃくほんがんねんぶつしゅう】

成立年 1198年（建久9年）

浄土宗の開祖である法然が、関白九条兼実（かねざね）の求めに応じて記した仏教思想書。2巻16章で構成されている。死ぬ前にひと言でも念仏を唱えれば極楽往生できると説き、浄土宗の独立開宗を宣言している。

### 宇治拾遺物語
【うじしゅういものがたり】

成立年 13世紀前半

鎌倉時代初期に成立した、作者未詳の説話集。全197話。仏教にまつわる話や、世の中に起こった不思議な逸話を集めている。書名は「『宇治大納言物語』から漏れた話題を拾い集めた」という意味だ。

### 百練抄
【ひゃくれんしょう】

成立年 13世紀末ごろ

公家社会の動きを中心に、10世紀の冷泉（れいぜい）天皇の時代から後深草（ごふかくさ）天皇が在位していた1259年までの出来事を、編年体で記した作者未詳の歴史書。書名は、中国の詩人白楽天の詩「百練鏡（はくれんきょう）」に由来するとされている。

### 善隣国宝記
【ぜんりんこくほうき】

成立年 1470年（文明2年）

古代から室町時代中期までの中国・朝鮮との外交史、および外交文書をまとめた文書集。全3巻。編纂者は、相国寺の僧侶瑞渓周鳳（ずいけいしゅうほう）である。明の冊封を受け入れた足利義満の外交姿勢が強く批判されている。

### 樵談治要
【しょうだんちょう】

成立年 1480年（文明12年）

室町時代の公家一条兼良（かねよし）が、まだ年少だった9代将軍足利義尚に贈った政治意見書。守護職には素直な性格の人物を選ぶべきといったことや足軽の停止などが8条にわたって記されている。

# Part.3 近世

# 歴史上重要な文書

## 【ごしゅいんししきこかく】
# 御朱印師職古格

法令

発表年 1587年（天正15年）

大唐 南蛮 高麗江 日本仁を売遣候事曲事付 日本ニおゐて人之売買停止之事
（唐、東南アジア、朝鮮半島へ日本人を売るのはあるまじきことである。日本において人の売買を禁止する）

中心人物
**豊臣秀吉**

### 背景 内政にも外交にも使われた朱印状

　戦国時代から江戸時代にかけて、大名は公式文書に署名の代わりに朱印を押すことが通例であった。朱印が押された文書は「朱印状」と総称される。

　豊臣秀吉は天下統一を果たしたのち、東南アジアや西洋諸国との貿易に際して海外渡航を許可する朱印状を発行した。朱印状を所持する交易船による「朱印船貿易」は、江戸時代初期まで続いた。

　このころ、ポルトガル人やスペイン人との交易を通じてキリスト教に入信する武将や民衆が増えた。それに伴い、仏教徒との衝突が発生。さらに、ヨーロッパ人が日本人の奴隷を海外に輸出しているという事実が発覚し、豊臣政権はキリスト教徒の活動を制限する朱印状を発布した。

### 内容 キリスト教禁圧への第一歩

　1587年6月の朱印状で、豊臣政権はキリスト教徒の信仰は認めつつも、上級武士の入信には秀吉個人の許可が必要であると定め、家臣や領民を入信させることを禁じた。加えて、海外への日本人の売買も固く禁じた。続いて宣教師の追放令も発せられたが、朱印状のあるものは日本に残っていない。

　交易による商業的利益のため、ポルトガル商人や宣教師、キリシタン大名の活動はある程度黙認された。しかし、江戸幕府の成立後も政権とキリスト教徒の衝突は続き、1639年にポルトガル船の来航は禁止され、ヨーロッパとの貿易はオランダのみとされた。

豊臣秀吉の朱印状。
国立国会図書館

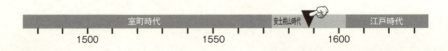

# 日本史 【にほんし】

**成立年** 1594年（文禄3年）

> 羽柴筑前殿はデウスのことに反対せぬのみか、その態度から、それを仏僧らの宗教よりも真実のものと認めているようであった

**著者** ルイス・フロイス

## 背景　宣教師が修道会から命じられ執筆

　ポルトガル人のキリスト教宣教師ルイス・フロイスは、1563年に来日し、織田信長・豊臣秀吉の庇護を受けて布教活動に従事した。

　修道会組織のイエズス会から、日本の国内事情とキリスト教の広まりについての記録を命じられたフロイスは、これを『日本史（日本布教史）』としてまとめた。秀吉が布教を制限したあともフロイスは日本に留まり、秀吉の命による宣教師やキリシタンの処刑など、多くの情報をヨーロッパの教会に書簡で伝え、1597年に長崎で没した。

## 内容　戦国時代の横顔を伝える

　全3部で構成されるが、日本の地理などの総論が書かれた第1部の原本は、焼失して現存しない。第2部は、フロイスに先立ち日本で最初に布教したフランシスコ・ザビエルの来日からフロイスの日本での活動の前期、第3部は、フロイスの日本での活動の後期までが記された。

　信長や秀吉のほか、大友宗麟、有馬晴信、黒田孝高など、フロイスが直に接した武将たちの人物像や、布教活動をした九州や近畿地方での合戦の経緯、日本人の衣食住や習俗、僧侶と宣教師の衝突や教義論争などが詳細に記されている。

　安土桃山時代後期についての軍記や史書を補完する内容が多く、歴史資料としての価値は非常に高い。

ルイス・フロイスの記念碑（長崎市）。

# 【かなぞうし】仮名草子

**文学**　発表年 1596年（慶長元年）〜

一休和尚はいとけなき時より、常の人には変わり給いて、利根発明なりけるとかや。師の坊をば養叟和尚と申しける
（一休和尚は幼児期から、通常の人々とは異なり、聡明であったという。その師匠は、養叟和尚といった）

**著者**
浅井了意
鈴木正三ほか

## 背景　江戸時代の大衆文化の出発点

「仮名草子」は単独の著作物ではない。室町時代に成立した「御伽草子」と同じように、安土桃山時代末期から江戸時代初期に成立した、さまざまな大衆向け娯楽文学・実用書・教訓・紀行文などの総称である。もっぱら仮名書きで絵入りの「草子」の形で刊行されていたことからこう呼ばれる。

多くの仮名草子の著者は不詳であり、本性寺の僧であった浅井了意や、元旗本で曹洞宗の僧となった鈴木正三（石平道人）など、名前の残る編著者も存在するが、民話や伝承の再録や無名の著者が記したものが多い。

## 内容　軍記や滑稽話など多くの作品が生まれた

大坂の役を扱った軍記談の『大坂物語』、室町時代の僧である一休和尚の逸話を集めた『一休咄』、道楽者が改心して僧になる滑稽話の『浮世物語』、清水寺に出入りする人々の問答を通して仏教を批判し儒教を説いた『清水物語』、竹斎という医師の旅を描いた滑稽話の『竹斎』、夫や知人の死から無常を悟り尼となって修行し大往生する女性の物語『二人比丘尼』、楽阿弥という巡礼者の旅を描いた紀行文学の『東海道名所記』、スペインの宣教師が伝えた『イソップ物語』を翻訳した『伊曾保物語』など、多様な作品がある。

これらの影響を受け、好色話や町人の日常、怪談などを描いた「浮世草子」と総称される娯楽文学が、江戸時代中期に広まった。遊び人の性風俗を描いた『好色一代男』や、町人物の『日本永代蔵』などを著した井原西鶴が有名である。

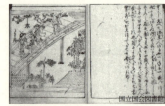

当時出版された『好色一代男』。

# 【しんちょうこうき】
## 信長公記

成立年 1600年(慶長5年)ごろ

> 九月十二日叡山を取詰、根本中堂三王廿一社を初奉り、霊仏 霊社、僧坊経巻、一宇も残さず、時に雲霞の如く焼払灰燼の地下なるコソ哀なれ
> （九月十二日、比叡山を責める。寺院と山王神社を合わせた二十一社の寺社、僧侶、経文などを一屋も残さず焼き払い、哀れにも灰燼とした）

著者 太田牛一

### 背景 信長・秀吉の臣下が撰述

著者の太田牛一は、織田信長と豊臣秀吉に仕え、江戸時代の初期には軍記作家として活動した。『信長公記』は太田による信長の伝記であり、ほかにも秀吉の伝記である『大かうさまくんきのうち』、徳川家を中心に扱った『関原御合戦双紙』など、多くの著作を残している。

江戸時代を通じて少数の写本しか刊行されなかった。一方、本書を基にした小瀬甫庵の『信長記』が広く流通したが、著者の主観的な記述が見られるため、太田の『信長公記』のほうが内容は正確といわれる。

### 内容 軍記のなかでも客観的な記述

全16巻で構成され、そのうちの15巻は、1568年に織田信長が足利義昭を奉じて京都に上洛したところから、本能寺の変で討ち取られるまでの15年間を時系列に沿った編年体で記したものだ。15巻分が著されたのち、京都上洛以前の事績を1巻にまとめた「首巻」が追加された。

太田は信長の臣下であったが、信長の行動を過度に美化したり正当化したりする記述は少ない。信長に抵抗した比叡山延暦寺の焼き討ちなど、敵に対する容赦ない態度も詳細に記している。関所の廃止、商業の振興などの内政の成果に関する記述も多い。

江戸時代に執筆された安土桃山時代に関する軍記の多くは、本書を参考としている。

本能寺跡に立つ碑（京都市）。

室町時代 | 安土桃山時代 | 江戸時代
1550 | 1600 | 1650

# 鉄炮記 【てっぽうき】

**史書**

成立年 1606年（慶長11年）

> 天文癸卯秋八月二十五日丁酉、我が西村の小浦に一大船有り。何れの国より来るかを知らず
> （天文十二（一五四三）年八月二十五日、我が西村の入江に一艘の大きな船が漂着した。どこの国より来たかは不明であった）

著者
**文之玄昌**（ぶんしげんしょう）

## 背景 鉄砲と西洋人が日本に初上陸

　戦国大名の種子島時堯（ときたか）が、1543年に種子島に漂着したポルトガル商人から鉄砲を買い求めたことにはじまる、日本に鉄砲が伝来した経緯を記した歴史書。時堯の子である久時（ひさとき）が、江戸時代に入ってから臨済宗の僧である文之玄昌に依頼して作成したものである。

　同書の記述により、鉄砲伝来も西洋人の初来日も1543年というのが定説になっているが、それ以前から鉄砲も西洋人も日本に入ってきていたという説もある。また、『鉄炮記』によれば、漂着したポルトガル人はふたりとなっているが、実際には3人だったという説もあり、さらにポルトガル側の記録では漂着したのは1542年ということになっている。

## 内容 短期間で全国に広まった新兵器

　『鉄炮記』には、ポルトガル人が持っていた火縄銃の構造が詳細に記録されている。それによれば、長さは2.3尺（約70センチ）、真っ直ぐな棒状で中は空洞。重量感があったと記されている。

　ほかに、ポルトガル人による試し撃ちの様子も記録されている。鉄砲に火薬と鉛玉を込め、身構えてから片目を閉じて的を見据えて撃つと、小さな的に百発百中だったという。

　これを見た種子島時堯は、すぐにその価値を理解し、高額だったにもかかわらず鉄砲2丁を買い求めた。それから10年ほどで、鉄砲は日本全土に広まっていった。

鉄砲伝来の地に立つ碑（種子島門倉岬）。

| 室町時代 | 安土桃山時代 | 江戸時代 |
|---|---|---|
| 1550 | 1600 | 1650 |

# 武家諸法度【ぶけしょはっと】

**制定年** 1615年（元和元年）

一 文武弓馬の道 専ら相嗜むべき事
一 群飲佚遊を制すべき事
（一 文と武・弓術や馬術にひたすら励むべし　一 酒におぼれ遊びほうけてはならない）

**中心人物** 徳川秀忠

## 背景 徳川幕府による大名支配の象徴

　江戸幕府は、1615年の大坂夏の陣で豊臣家を滅ぼしたのち、2代将軍秀忠の名で全国の大名を統制する法令を発布した。これは「元和令」と呼ばれ、内容は13条からなる。
　以降、3代将軍家光の「寛永令」、4代家綱の「寛文令」、5代綱吉の「天和令」というように、新しい法令が発布された。これらを総称したものが「武家諸法度」だ。法度の基本方針は、各地の大名の反抗を禁じ、幕府に忠誠を尽くして武芸と学問に専念させることにあった。

## 内容 大名は自由な結婚も築城も禁止

　「元和令」では、武士は文武弓馬に励むこと、酒におぼれたり遊びほうけたり好色や博打にふけったりしないことが義務づけられた。大名が勝手に新たな城を築くことは厳重に禁じられ、城を修理する場合もかならず幕府に報告することが課された。幕府の許可なく結婚することも禁じられた。
　「寛永令」では、大名らが領地と江戸を定期的に往復する参勤交代を義務づける。このほか、地方で勝手に法をつくること、独自に関所を築くこと、大型船を建造することなどが禁止された。
　「寛文令」ではキリスト教の禁止と不孝者の処罰が明文化され、「天和令」では末期養子を許可することや、殉死の禁止などが記された。8代将軍の吉宗以降は天和令の内容が踏襲されるが、13代将軍家定は寛永令で禁じた大型船建造を許可するなど、法度の緩和も行なわれた。

| 将軍 | 出された法令 |
|---|---|
| 秀忠 | 元和令（1615年） |
| 家光 | 寛永令（1635年） |
| 家綱 | 寛文令（1663年） |
| 綱吉 | 天和令（1683年） |
| 家宣 | 宝永令（1710年） |
| 吉宗 | 享保令（1717年） |

それぞれの将軍が発した法令。

# おもろさうし

【おもろそうし】

成立年 1623年（元和9年）

> 聞得大君ぎや 首里杜 降れわちへ おぎやか思いや 君しよ 守りよわめ
> （名高く霊力豊かな聞得大君が、首里杜に降り給いてお祈りします。尚真王様を神女こそ守り給うてあろう）

**中心人物**
尚寧王
尚豊王

## 背景 琉球の文化維持のため王朝が採録

現在の沖縄県にあたる琉球は、13～17世紀にかけて中国大陸や東南アジアとの貿易によって繁栄を謳歌し、「おもろ」と呼ばれる漁民や農民の古謡、ノロ（巫女）や神官の唱える宗教的な叙事詩が発達した。おもろは「思い」から転じたものといわれる。

15世紀に成立した琉球の第二尚氏王朝は、7代の尚寧王、8代の尚豊王の治世に薩摩の島津家の支配下に入るが、琉球独自の文化の維持に務め、同時期に歌集の『おもろさうし』を編纂した。

## 内容 失われた南方の古語を伝える

原本は王府の火災で失われ、現存するものは全22巻に1554首の歌を収録している。重複する歌もあり、それらを除けば1248首となる。歌の採録は、1532年、1613年、1623年の3度にわたって行なわれ、一部を除いて各巻には琉球が朝貢していた明の元号が記されている。

歌の大部分はひらがなで書かれ、内容は、国王を讃える歌、島々の風景を描いた歌、神に捧げる歌、船乗りの歌などじつに多様。最高位のノロである聞得大君、王府のある首里の名、王族である按司などの語句がよく出てくる。

いずれも節をつけて歌うことが前提であり、同じ節ながら採録した地域や時期によって歌中の語句が少しずつ異なるものも多い。

沖縄の古い方言や宗教、庶民が国王や日々の暮らしなどに対して抱いていた感情を知る手がかりとして、資料性は非常に高い。

復元された首里城（那覇市）。

# 太閤記【たいこうき】

成立年 1625年（寛永2年）

> 爰に後陽成院之御宇に当て、太政大臣豊臣秀吉公と云人有。寔に離倫絶類之大器なり
> （後陽成天皇の治世において、太政大臣豊臣秀吉公という人があった。じつに比類なき大器である）

編纂者 **小瀬甫庵**ほか

## 背景 豊臣家に仕えた儒医など多数が執筆

『太閤記』とは豊臣秀吉の伝記の総称。「太閤」は関白を譲った人の尊称だが、近世には秀吉個人の通称として使われることが多かった。太閤記と呼ばれる書物は史書から娯楽読み物まで多様であり、江戸時代後期に成立した『絵本太閤記』や『真書太閤記』など複数存在する。

とくに、豊臣家と加賀の前田家に仕えた儒学者で医者の小瀬甫庵が江戸時代初期に編纂したものが代表格であり、「甫庵太閤記」と通称される。このほか、本能寺の変から関ヶ原の戦いまでを川角三郎右衛門が聞き書きした太閤記が知られる。

## 内容 幕府の意向でたびたび禁書に

甫庵の太閤記は全22巻で構成され、豊臣秀吉のことを「絶類の大器」と記すなど、好意的に評している。尾張国愛智郡中村の農民であったとされる秀吉の出生からはじまり、太田牛一の『大かうさまくんきのうち』などの軍記を参考とした、織田信長臣下の時代、天下統一の過程、晩年の事績までが詳細に記されている。ただし、甫庵の主観だと思われる不正確な記述や創作的な要素も含まれている。

江戸時代を通じて、甫庵の作品をはじめとする各種の太閤記は広く庶民に愛読された。しかし、豊臣政権を打倒して成立した江戸幕府としては、豊臣家の業績を大々的に伝える書物が広まることは好ましくなかったため、甫庵の太閤記はたびたび刊行を禁じられた。

秀吉の生まれた地に立つ碑（名古屋市）。

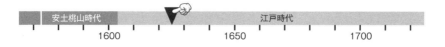

## 【じんこうき】
## 塵劫記

発表年 1627年（寛永4年）

> もめん一たんに付銀四匁五分せ 長さは二丈五尺有時 一尺がへ銀なにほどに当たるといふ時 一尺に付一分八厘ぎれにあたるといふ
>
> （木綿一反の金額が銀四匁五分で、長さが二丈五尺ある。一尺は銀いくらに相当するか、一尺につき一分八厘に相当する）

著者
**吉田光由**

### 背景　和算の発達に伴い刊行

　室町時代末期に明からそろばんを使用した計算法が伝わり、近世になると「和算」と呼ばれる独自の数学が発達する。

　京都出身で豪商の角倉家に属した吉田光由は、明代に成立した『算法統宗』を参考に数学やそろばんの用法を学び、田畑の測量や商品の計量、金額計算などの実用的な計算法を示した数学書『塵劫記』を刊行した。

　江戸時代初期には本書の刊行と前後して、毛利重能の『割算書』や作者不詳の『算用記』など、和算の基本書が出そろっている。

### 内容　具体的な計算の例を多数収録

　冒頭では、「万万を億」「万万億を兆」といった命数、面積を示す「一町」「一反」や体積を示す「一斗」「一合」などの単位、九九の早見表、そろばんの数字の見方など、基礎的な情報が記されている。

　さらに図版を交えながら、六角形や半円、扇形、辺の長さがばらばらな五角形などの面積の計算法、筒型や円錐型などさまざまな形状をした器の体積の計算法、具体的な地形に即した土木工事のための測量計算法、毎月子を12匹産むねずみが11カ月のあいだに何匹になるかを計算する方法（ねずみ算）など、具体的な計算法を数多く取りあげている。

　本書の刊行後、実用目的だけでなく純粋な学術としても和算は盛んになり、甲府藩を治めた徳川綱重に仕えた関孝和は、筆算による代数式や方程式、行列式などを研究した。その成果は同時期の西洋の数学にも引けを取らない。

昭和初期に出版された『新編塵劫記』。
国立国会図書館

Part.3 近世／歴史上重要な文書

**政治**

【おらんだふうせつがき】
# オランダ風説書

提出年 1641年（寛永18年）～

> フランス国臣下之者徒党　国王並王子を弑し国中乱妨におよび申候に付　阿蘭陀国其外近国よりも同所え押寄及合戦申候段
> （フランスでは（革命で）臣下の徒党が国王と王子を殺害、国内で乱暴におよび、オランダほか近隣国が押し寄せて合戦となった）

著者
**オランダ商館長**

## 背景　貿易相手国の商館長が幕府に報告

　島原の乱ののち、幕府は西洋の貿易相手国をオランダのみとして、長崎を通じてのみ行なう制限貿易体制（いわゆる「鎖国」）を確立させる。
　その後も幕府は海外の情報を把握するため、オランダ船が入港する度に、西洋や東南アジアの情勢についてオランダ商館長に報告書を提出させた。
　この報告書は「オランダ風説書」と呼ばれ、貿易を管理する長崎奉行や幕府の高官に回覧された。とくに、外国船が日本近海に頻繁に出没した19世紀以降は、風説書による海外情報の重要性が高まった。

## 内容　風説書で予告されていたペリーの来航

　風説書には、2、3行ほどの短い文章が5～10項目の箇条書きで記されていた。オランダ商人が見聞した世界各地の貿易や物流の動向のほか、とくに18世紀以降は、イギリスによるインドでの勢力拡大、ロシアの南下政策、清と西洋諸国の関係、フランス革命の勃発など、列強の海外進出や諸国の政変が伝えられた。ただし、商館長個人の判断により、オランダに不利になるような情報は削られたり、不正確な伝聞情報も含まれていたりした。
　アヘン戦争の勃発後は、幕府の西洋列強への警戒心が強まり、「別段風説書」と呼ばれるくわしいレポートも添付されるようになった。1853年のペリー艦隊来航も、別段風説書によってあらかじめ幕府に通告されていた。

復元されたオランダ商館（長崎県平戸市）。

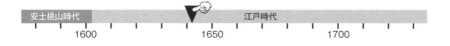

法令 【けいあんのふれがき】
# 慶安の触書

発表年 1649年（慶安2年）

> 朝起きをいたし、朝草を苅り、昼は田畑耕作にか丶り、晩ニは縄をなひ俵をあミ、何ニてもそれ〲の仕事、油断無く仕るべき事
> （朝は早く起きて草を刈り、昼は畑仕事をし、夜は縄をなって俵を編み、どんな仕事も手を抜かないようにせよ）

中心人物
**徳川家光**

## 背景　作物の生産安定化などを目的に発布

　戦国時代まで、農民が独自に武装したり、農地を離れて別の職業に従事したりすることは少なくなかった。しかし、江戸幕府が安定期に入ると、農民は農業のみに専従し、禁欲的な生活を送ることを強いられる。「慶安の触書」は、この方針を明文化したものとされている。

　ただし、慶安年間にこの触書が出された確証はない。触書の内容の初出は、1697年に甲府藩徳川領の藩法として出された「百姓身持之覚書」だという説が、現在では有力視されている。

## 内容　酒や茶を買って飲むのも禁止

　内容は全32条から成る。幕府が出す法令を守って領主や代官に従い、村の名主や組頭を実の親のように思うことや、朝は早く起きて昼には田畑を耕作し、夜は縄をない、どんな仕事も手を抜かないことを説いた。禁止事項として、酒や茶を買って飲むこと、煙草を吸うことなどが挙げられ、衣服の素材は帯や裏地まで麻布と木綿のみとされた。

　農民は分別がなく先のことを考えないとも明記され、年貢のための米を食べ尽くさないように、麦や粟などの雑穀をつくることや、雑穀の売買で損をしないように商売の心構えを持つことなどが説かれている。

　このような法令が出されたということは、農民にも嗜好品などが広まっていたことを示しているといえる。

| | |
|---|---|
| 田畑勝手作の禁令 | 田畑に五穀以外を植えることを禁止 |
| 田畑永代売買の禁令 | 農地の権利の移動を禁止 |
| 慶安の触書 | 日常生活への干渉 |
| 分地制限令 | 耕地を分割相続することを制限 |
| 五人組制度 | 年貢納入などで連帯責任を負わせた |

農民に対して出された統制法令。

安土桃山時代　　　　　江戸時代
1600　　　1650　　　1700

# 【だいにほんし】大日本史

**史書**

編纂開始年 1657年（明暦3年）

> 神武天皇は諱彦火火出見 小名は狭野 天祖大日孁尊 高天原を治めたまふ 是を天照大神と為す
> （神武天皇の実名は彦火火出見、幼名は狭野といった。皇室の先祖である大日孁尊が高天原を治めた。これが天照大神である）

**中心人物**
徳川光圀
（水戸光圀）

## 背景 光圀が築いた専用の史局で編纂

　水戸藩主の徳川光圀は、前漢代の『史記』など中国大陸の史書に強い影響を受け、儒学に立脚した勤皇思想を基本とする歴史書の編纂を企画した。江戸の藩邸に「彰考館」という史学の研究所を築いて学者を集めた光圀は、明から渡来した儒学者の朱舜水など多くの文化人と交流を広めた。

　編纂過程では、『古事記』や『大鏡』などの過去の史書や個人の日記・手紙、寺社の碑文など、古代からの膨大な史料が参照された。執筆作業は光圀の死後も藩の事業として続けられ、明治時代の後期にようやく完結した。

## 内容 勤皇を説いた「水戸学」の成立

　神武天皇から室町時代の後小松天皇までを取りあげ、中国大陸の史書と同様、皇帝（天皇）の伝記を中心に臣下や関係人物の事績を列記する「紀伝体」で書かれている。全397巻226冊から成り、歴代天皇に触れた「本紀」はそのうち73巻を占めた。後代の天皇ほど情報量が豊富なため巻数が多い。

　神功皇后を歴代天皇から外し、壬申の乱で敗れた大友皇子を弘文天皇として歴代天皇に加えることや、南北朝の時期に関しては南朝を正統と記した点などが特徴だ。

　250年におよぶ編纂過程では多くの学者が参加し、「水戸学」と呼ばれる潮流を生みだした。水戸学派は儒学の忠君思想を論拠として勤皇を強く唱え、江戸時代後期の国学の発達、幕末期の尊王攘夷運動、明治維新後の国家主義に大きな影響を与える。

旧水戸彰考館跡を示す碑（水戸市）。

# 本朝通鑑
【ほんちょうつがん】

史書

成立年 1670年（寛文10年）

辛酉元年正月 帝即位 天種子命天富命執政 爲左
右尊正妃蹈韛五十鈴媛爲皇后

（辛酉の年の一月一日に、帝（神武天皇）は即位した。天種子命と天富命が政務を行ない、左右の臣となった。媛蹈韛五十鈴媛命を皇后とした）

著者
林羅山
林鵞峰

## 背景　幕命により父子2代にわたって編纂

　古代から江戸時代初期の後陽成天皇の治世までを記した歴史書。書名や記述法は、宋代に成立した史書『資治通鑑』を意識している。

　著者の林羅山は、江戸幕府の成立後に徳川家康から家綱まで4代の将軍に仕え、儒学の主流である朱子学を幕政の中心的な思想として確立させた。そして、朱子学に基づいて神道を概説した『神道伝授』などの著作を残している。本書は3代将軍家光の命によって編纂がはじまり、羅山が平安時代中期の宇多天皇の治世までを執筆、羅山の死後は息子の鵞峰が完成させた。

## 内容　江戸幕府公認の歴史観を確立

　全310巻で構成され、林羅山による正編が40巻、林鵞峰による続編が230巻、このほか提要、目録資料ほか40巻が含まれる。正編は当初『本朝編年録』という書名で刊行された。神武天皇から後陽成天皇の治世までを年月順の編年体で記している。過去の多様な史書から歴代天皇の治世に起こった史実を追っているが、出典については詳細に触れられていない。

　編纂の中心となった林家は儒学者の名門としての地位を確立し、羅山が設立した私塾の弘文館は、のちに幕府公式の教育機関である昌平坂学問所に発展、各藩からエリート候補生が集まる場となった。明治時代初期に閉鎖されるが、ほかの幕府直轄の教育機関とともに、東京大学の源流のひとつとなった。

　本書は、江戸時代前期の段階での幕府公認の歴史観を示したものといえる。

国立国会図書館

『本朝編年録』の写本。

安土桃山時代　　江戸時代
1600　　1650　　1700

## 【しょうるいあわれみのれい】
# 生類憐みの令

発表年 1685年（貞享2年）

> 生類憐愍の儀 前々より仰せ出され候処 下々にて左様之無く 頃日疵付 候犬共度々之有り 不届の至に候
> （生き物をあわれむよう以前より伝えているが、人々にそのような態度はなく、つい最近も犬を傷つける者があり、たいへん不届きである）

中心人物：徳川綱吉

### 背景　動物愛護や仏教思想の啓蒙を目的に宣布

　5代将軍の徳川綱吉は、在任中にたびたび、馬や牛、犬、鳥類などの動物のほか、赤子や病人の愛護の法令を発した。一説として、子宝に恵まれなかった綱吉に側近の僧である隆光が動物を大事にするよう進言し、戌年生まれだった綱吉が、とくに犬の保護を熱心に行なったといわれる。

　背景としては、幕藩体制が安定期を迎えるにあたり、庶民に対して人命尊重の価値観と、生き物の殺生や肉食を禁じる仏教思想を啓蒙する意図があったともいわれる。

### 内容　数万頭の野犬を保護した「犬公方」

　1682年に、犬を虐殺した者を厳重に処罰する命令が出された。これ以降、それまで将軍の通行時には犬や猫をつないでおく必要があったが、放すことが許可されたほか、馬の体の筋や尾に手を加えることや、遊びで釣りをすること、生き物を見せ物にすることなどを禁じる法令が出され、違反者は重罪に処された。

　さらに、江戸郊外の中野には16万坪（東京ドーム11個分）もの広大な野犬の収容所が建設され、数万頭もの犬が飼育された。その維持費のため江戸近郊の農民には重税が課され、綱吉は「犬公方」と称された。

　綱吉は自分の死後もこれらの法令を維持するよう遺言したが、1709年に綱吉が死去すると、幕府は一連の法令を撤回した。

| | |
|---|---|
| 学問の奨励 | 湯島聖堂の建設、林信篤を大学頭に任命、など |
| 服忌令の発布 | 近親者が死んだ際の忌引などの日数を定めた |
| 仏教の保護 | 護国寺の建立、上野寛永寺や芝増上寺の修復 |
| 貨幣の改鋳 | 品質の悪い小判を大量に発行 |

綱吉の行なった政治。

## 学術 【のうぎょうぜんしょ】
# 農業全書

発表年 1697年（元禄10年）

稲は五穀の中にて極めて尊き物なり 太陰の精にて水を含んで其徳をさかんにすると云ふて 水によりて成長するゆへ

（稲は五穀のなかでも極めて尊い。太陰の性質のため、水を含んで水の徳を盛んにするといわれ、水によって成長する）

著者
**宮崎安貞**（やすさだ）

### 背景　明の農業書や著者の経験を基に執筆

　日本で一般に刊行された最初の体系的農業書。本書より以前の農業書は、少部数の写本しか存在しなかった。著者の宮崎安貞は、筑前福岡藩に仕えたのち西日本各地の農村を視察し、福岡に戻って農業を営んだ。

　明代に成立した農業書『農政全書』を参考としつつ、安貞自身の経験による知識、各地の農業従事者から取材した内容を反映している。安貞は、同じく筑前福岡藩に仕えて『大和本草』を著した貝原益軒、その兄の楽軒と親交があり、益軒は本書に序文を寄せている。

### 内容　穀物から山菜、家畜まで解説

　さまざまな作物の特性、効率的な栽培法、適切な収穫時期、利用法、保存の方法などが、全11巻のなかに詳細に記されている。

　第1巻は耕作や水利、農具や土壌などについての「農事総論」、第2巻は米、麦、大豆ほかの「五穀之類」、第3巻と第4巻は茄子、瓜、ねぎなどの「菜之類」、第5巻はわらび、ふきなどの「山野菜之類」、第6巻は綿やタバコなどの「三草之類」、第7巻は茶、漆、桑などの「四木之類」、第8巻は栗、柿、桃などの「果木之類」、第9巻は松、柳、竹などの「諸木之類」、第10巻は牛、馬、鶏、魚介類などの動物および薬草の「生類養法薬種類」、第11巻は貝原楽軒が農民の心得を寄稿した「附録」となっている。

　日本各地の農民に広く読まれ、商品作物の普及に大きく影響を与えた。

1815年に出版された再版本。

| 安土桃山時代 | 江戸時代 | | |
|---|---|---|---|
| 1600 | 1650 | 1700 | |

# 【やまとほんぞう】
## 大和本草

学術

成立年 1708年（宝永6年）

> 天下之品物無窮本草綱目所載止一千八百餘名而已其所不載亦甚多
> （天下の品物は果てしない。『本草綱目』には1800種類の項目があるが、記載されていないものも多い）

著者 貝原益軒

### 背景 本草学者が国内の動植物を研究

　中国大陸では古代から、薬の材料となる各種の植物、動物、鉱物などを分類・分析した「本草学」が発達していた。明代には従来の本草学の集大成である『本草綱目』が成立し、江戸時代の初期には日本に伝来する。

　黒田藩で藩医を務めた貝原益軒は、『本草綱目』を参考にしつつ、日本国内の動植物や鉱物を独自に研究して『大和本草』を著した。貝原は医学や教育学に造詣が深く、日常的な健康法などをまとめた『養生訓』などの著作も残している。

### 内容 動植物のほか人体の一部まで記載

　全16巻と付録2巻で構成され、全1362種の動植物や鉱物を記載した。分類法は『本草綱目』を参考にしており、水類（水、湯、温泉水など）、火類（薪火、炭火、灸火など）、金玉土石（金、石炭、磁石、水銀など）から、穀類、花草、果物、菌類、樹木、竹類など各種の植物、河魚、貝類、水蟲（ナマコ、カタツムリ、蜂など）、鳥、獣、人体（髪、爪、母乳など）までを網羅し、採取できる地域や季節、薬としての活用法などを詳細に論じた。

　人魚や河童など実在しない生物の項目があり、現代の科学からすれば奇妙な分類や分析も見られるが、当時は最先端の博物学研究の成果といえる。本書の刊行により、農村での医学、薬学知識の普及、本草学の学術研究が大いに進んだ。

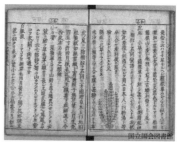

当時出版された『大和本草』9巻。

# 【とくしよろん】読史余論

**史書**　成立年 1712年（正徳2年）

> 王室九変覇府五変蓋有不堪忠慨義憤之意焉逮吾神君奉戴
> （公家政権は9度にわたり変転し、武家政権は5度にわたり変転した。忠義に反することが絶えずあり、神君（徳川家康）を奉ずる世となった）

**著者 新井白石（あらいはくせき）**

## 背景　日本史の講義の教本として起草

戦乱のなくなった江戸時代中期、体制秩序を維持する思想として儒学が広まる。6代将軍の徳川家宣、7代将軍の家継に仕えた儒学者の新井白石は、武力による支配ではなく、伝統的な儀礼や法律・制度の整備を重視する「文治政治」を理想とし、財政再建や各種の法令の整備にあたった。

政務の一方、白石は、西洋の歴史や地理についての聞き書き『西洋紀聞』、自伝『折たく柴の記』など多くの著作を残した。『読史余論』は、家宣に日本史を進講したときのテキストとして書かれた。

## 内容　独自性の高い「九変五変」の歴史観

第1章の総論からはじまり、第2章は平安時代から南北朝時代まで、第3章は江戸幕府の成立までが語られる、全3巻の構成。皇室と公家の世界では、摂関政治の開始、藤原氏の実権掌握、院政の開始、鎌倉幕府への権力の移行、南北朝の分立など9度の政変があったと記した。一方で武家の世界では、鎌倉幕府の成立、北条氏の実権掌握から戦国時代を経て徳川家の支配確立まで5度の政変が歴史の節目になっているとする、「九変五変観」を説いた。

徳川家による統治を肯定しつつ、儒学で理想とされる支配者像に照らしながら、江戸幕府の今後の方向性や改善点も指摘している。

武家社会の政治論としての完成度も高く、江戸時代後期には一般に刊行され、明治時代まで広く読み継がれた。

新井白石の肖像（出典『先哲像伝』）。

江戸時代　1650　1700　1750

Part.3 近世／歴史上重要な文書

### ◆◆◆ 儒学者の系統 ◆◆◆

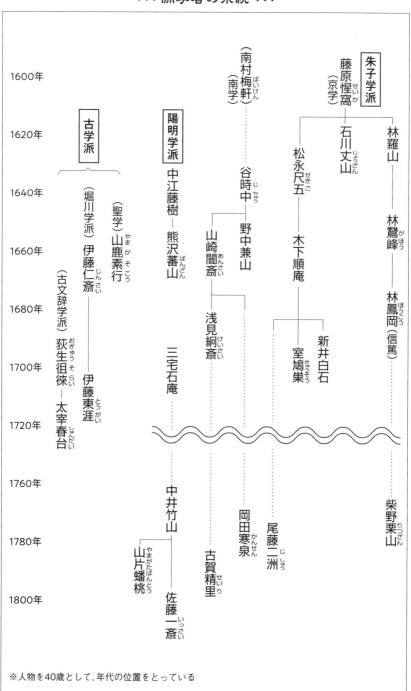

※人物を40歳として、年代の位置をとっている

# 都鄙問答

【とひもんどう】

学術

成立年 1739年（元文4年）

或商人問曰 賣買ハ常ニ我身ノ所作トシナガラ 商人ノ道ニカナフ所ノ意味何トモ心得ガタシ

（ある商人が言った。売買を仕事としながら、商人の道にかなう（武士のような）道理は心得にくい）

著者
石田梅岩（ばいがん）

## 背景 民衆のための学問「石門心学」

　江戸時代中期には、町人や農民の間でも学問が広まり、庶民のための思想も発達した。石田梅岩を始祖とする「石門心学」はその代表的な潮流といえる。梅岩は農家の次男として生まれたが、京都の商家で働いたのち独学で神道、儒教、仏教の古典を学び、近畿地方で多くの門弟を集めた。

　『都鄙問答』は、梅岩とその門弟たちの問答をまとめたものであり、庶民のための人生訓として多くの人々に読まれる。このほか梅岩は、倹約の重要性を説いた『斉家論（せいかろん）』などの著作を残した。

## 内容 身分制度の枠を超えた思想

　全4巻16段で構成され、梅岩と門弟の対話形式で記されている。第1巻では「孝の道」「武士の道」「商人の道」などが論じられている。第2巻では、神道、仏教、儒教の相違点と共通点、それらに照らした上で商人が持つべき道徳観を説いた。第3巻では、儒教や仏教の古典を例に引きながら人間の持つ善性について論じている。第4巻では、学者、僧侶、神官、医師、商人など、さまざまな立場の人間が職業的に意識すべき人生訓を説いた。

　江戸時代の身分制度のもとでは、商人などは卑しい身分とされていたが、『都鄙問答』はあらゆる身分にも共通する道徳律、職業ごとに持つべき使命感を述べ、従来の武士階級中心の思想書とは一線を画している。

　のちには、農民や町人にも石門心学を学んで武士と同様に各地の藩政に関わる者も現われた。

石田梅岩の像（京都府亀岡市）。

## 【かなでほんちゅうしんぐら】
# 仮名手本忠臣蔵

初演年 1748年（寛延元年）

> 由良之助、ちつとも騒がず、さては師直が一家の武士、とりかけしと覚えたり、罪つくりになにかせんと
> （由良之助はちっとも騒がず、師直の配下の武士が攻めてきたと察し、これ以上無益の罪をつくるまいと思った）

著者
竹田出雲
三好松洛
並木千柳

### 背景　実際の事件がモデルの大ヒット劇

　江戸時代の中期になると、大衆的な娯楽として歌舞伎や人形浄瑠璃が人気を博した。天和の大火を題材とした『八百屋お七歌祭文』など、江戸時代に起こった実際の事件を脚色した作品が多い。

　なかでも人気が高かったのが『忠臣蔵』。1702年、主君の浅野内匠頭を切腹に追い込んだ吉良上野介に、大石内蔵助ら赤穂藩出身の47人の浪士が報復した事件を題材とする。事件の直後からこれをモデルとした歌舞伎の戯曲が複数つくられたが、大坂の竹本座に属した竹田出雲らによる『仮名手本忠臣蔵』により、「忠臣蔵」の名が演目にはじめて冠された。

### 内容　忠臣蔵の基礎を確立

　当時、幕府は実際の事件をそのまま描くことを禁じていた。そのため本作では、舞台を室町時代初期として、浅野内匠頭は塩冶判官、吉良上野介は高師直、大石内蔵助は大星由良之助というように人物の名を変えている。

　全11段からなり、劇としての効果を意識した創作要素が多く取り入れられた。『仮名手本忠臣蔵』によって、「刃傷松の廊下」の名場面や、由良之助（内蔵助）の慎重な性格など、後世にも伝わる「忠臣蔵」の基本形がほぼ確立された。

　本作の浄瑠璃、歌舞伎はいずれも大ヒットし、主君への忠義を美徳とする価値観が町人にも広まる一因となった。

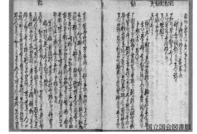

『仮名手本忠臣蔵』の写本。

## 学術 【かいたいしんしょ】 解体新書

発表年 1774年（安永2年）

> 夫レ解體ノ書ハ、以テ體ヲ解ク所ノ法ナリ 蓋シ形體ノ名状及ビ諸臓ノ内外
> 一身ノ主用ヲ説ク 其ノ寄セント欲スル者ハ 直ニ割テ屍ヲ見ルニ如クハ無シ
> （解体の書とは解剖の方法を述べる本である。身体の形および名称、ならびに諸々の臓器の外形および内面とその働きを説明するものである。こうしたことを明らかにしたいと思う者は、直ちに死体の解剖を行なうのに勝ることはない）

訳者
前野良沢
杉田玄白
中川淳庵

### 背景 解剖のタブーに挑んだ蘭方医学者

日本の医学は、漢方医学に基づいており、死体を忌避する宗教的な慣習もあったため、解剖を通じて人体の構造を正確に学ぶ者はいなかった。しかし江戸時代中期以降、長崎のオランダ商人から西洋医学（蘭方医学）が伝わる。

蘭方医学者の前野良沢、杉田玄白、中川淳庵らは、ドイツ人のクルムスが著した『ターヘルアナトミア（解剖図譜）』を参考に、江戸小塚原で刑死者の遺骸の解剖を参観し、西洋の医学書の正確さを強く認識する。良沢、玄白らは同書の日本語訳に着手し、『解体新書』として刊行した。

### 内容 蘭学の広まりを決定づける

漢文による本文4巻と、解体図1巻から構成される。本文では頭部から順に、目や耳などの感覚器、心臓や胃などの臓器、血管や筋肉などの構造と機能について詳細に論じた。「神経」「軟骨」「動脈」などの訳語がはじめて使用され、とくに臓器に関する記述は、従来の漢方医学の「五臓六腑」の認識を一新した。

図版は、平賀源内から洋画の知識を得た小田野直武が担当。顔の各部や、身体各部の骨、臓器、全身の筋肉などが写実的に描かれている。

本書の刊行によって西洋科学の先進性に注目が集まり、医学のみならず、天文学や兵学などの多くの分野で蘭学の研究が活発化。幕末期の外国への関心の高まりにも影響した。

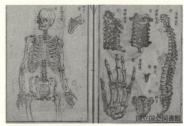

『解体新書』の人体の図解。

江戸時代
1700　1750　1800　1850

# 雨月物語 【うげつものがたり】

**発表年** 1776年（安永5年）

> 雨は霽れて月は朦朧の夜、窓下に編成して、以て梓子に畀ふ。題して雨月物語と曰うと云う。剪枝畸人書す
> （雨は晴れ、月はおぼろの夜、書窓下に編成して、これを書肆に渡す。題して雨月物語ということにした。剪枝畸人（上田秋成の雅号）が書す）

**著者** 上田秋成（あきなり）

## 背景 明の小説を大衆向けに翻訳・執筆

　大衆文化が広がった江戸時代中期には、「読本（よみほん）」と呼ばれる小説が普及し、神話や伝承を題材とする怪奇で幻想的な作品も好評を博した。

　そのなかのひとつ『雨月物語』は上田秋成による読本の代表作であり、明代に成立した白話小説（口語文学）の翻案を含む9作品を収録している。

　大坂出身で賀茂真淵（かものまぶち）の流れをくむ国学者だった秋成は、『万葉集』や『古事記』などを研究した。本居宣長（もとおりのりなが）と古典文献の解釈をめぐる論争を行ない、俳人の与謝蕪村（よさぶそん）らの文化人と交流する一方、多数の読本を執筆した。

## 内容 古典や歴史の知識を反映した短編集

　『白峰（しらみね）』『菊花の約（ちぎり）』『浅茅が宿（あさじがやど）』『夢応の鯉魚（むおうのりぎょ）』『仏法僧』『吉備津の釜（きびつのかま）』『蛇性の婬（じゃせいのいん）』『青頭巾』『貧福論』の9編から成る。

　『白峰』は、平安時代の末期に政争のため不遇の死を遂げた崇徳（すとく）上皇の怨霊伝説が題材。『浅茅が宿』は、明代の小説集『剪灯新話（せんとうしんわ）』に収録された怪談の翻案であり、妻を家に置いたまま都へ出て行った男が、長い年月を経て故郷に帰ると、意外な形で妻と再会する悲劇を描いている。

　このほか、弘法大師が残した和歌や豊臣秀次の亡霊が登場する『仏法僧』や、吉備国に伝わる吉備津神にまつわる伝承を取りあげた『吉備津の釜』が収録されている。

　小泉八雲や泉鏡花など、明治期以降の怪奇・幻想文学の作家にも大きな影響を与えた。

明治時代に出版された『画伝剪灯新話』。

政治 【かいこくへいだん】
# 海国兵談

発表年 1791年（寛政3年）

> 細カニ思ヘバ江戸ノ日本橋ヨリ唐 阿蘭陀迄境ナシノ水路也 然ルヲ此ニ備ヘズシテ長崎ノミ備ルハ何ゾヤ
> （厳密に考えれば、江戸の日本橋から中国・オランダまで海で結ばれている。これを防備せず長崎のみ防備するのはどういうことか）

著者
林子平

## 背景　ロシアの勢力拡大への警告

　江戸時代を通じて、幕府は長崎でのオランダ貿易を除き西洋諸国との関係を断っていたが、独自に外国の情報を調べる学者も存在した。
　そのひとりである林子平は、仙台藩に仕えながら長崎に遊学して、オランダ通詞（通訳）やオランダ商人からアジアにおけるロシアの南下政策について聞き、国防への危機感を強めた。子平は、日本の末端で外国に接する蝦夷地（北海道）や琉球、小笠原諸島、さらに朝鮮の地理を研究した『三国通覧図説』を著し、さらに外国の日本侵攻に備えて軍備の強化を説く『海国兵談』を刊行した。

## 内容　画期的な提案ながら幕府は拒絶

　四方を海に囲まれた日本は防衛に有利と考えられていたが、子平は西洋の航海技術に対して日本は無防備だと強調、「江戸の日本橋からオランダまで境はない」と説いて、外国船の侵攻ルートの想定を述べた。
　そして国防のため、西洋の大型船の研究、強力な軍艦の建造、海軍の創設、操船技術の向上、砲台や防壁の設置、国力の増進などを幕府に提案している。
　本書の刊行直後、ロシアのラクスマンが修交を求めて根室に来航する。幕府は不安が広まるのを恐れて本書の刊行を禁じ、子平を蟄居させた。しかし、幕末期には本書の先見性が改めて注目される。子平は、幕末の倒幕運動に先がけて尊王と国防強化を唱えた蒲生君平や高山彦九郎とともに、「寛政の三奇人」と呼ばれた。

林子平の像（仙台市）。

## 【こじきでん】 古事記伝

**成立年** 1798年（寛政10年）

> かの儒仏などの教事も、いひもてゆけば、これらと異なることなきに似たれども、弁ふれば同じからざることぞかし
> （儒教や仏教の教説も、これら（日本古来の教え）と異なるところはないように思えるが、よく考えてみると同じではない）

**著者** 本居宣長

### 背景 『古事記』を徹底的に解説

従来、武士の教養は仏教や儒教など外来の学問が主流だったが、江戸時代中期には、和歌や神道など日本の古典文化や日本人固有の精神を研究する国学が広まった。

本居宣長は、独自に『源氏物語』や『万葉集』を研究し、国学者で歌人の賀茂真淵に師事した。そして、『日本書紀』は中国大陸の史書の思想的影響が見られるのに対し、『古事記』はより純粋に日本文化の原形を伝えていると考え、35年の歳月をかけて『古事記』の詳細な注釈書である『古事記伝』を執筆。宣長の没後、1822年に全巻が刊行された。

### 内容 外来思想の「からごころ」を批判

全44巻から構成される。総論にあたる第1巻に収録された「直毘霊（なおびのみたま）」では、儒学や仏教といった外来の学問や思想は、日本古来の自然な精神に反した形式的な道徳観である「からごころ」と批判されている。

第2巻には『古事記』序文の注釈や皇室の系図が記載されている。

第3巻以降では、『古事記』各章の原文を引用し、原文中の名詞が何を指しているか、どのように発音するか、その理由などが綿密に記されている。宣長は『古事記』の内容をすべて史実とみなし、『日本書紀』や中国大陸の史書にある古代日本の記述との差異についても、独自に分析した。

それまで史書としては『日本書紀』のほうが権威があるとされていたが、本書により、『古事記』の評価が高まる。宣長の思想は平田篤胤（あつたね）などの学者に引き継がれ、国学が興隆した。

江戸時代
1700　1750　1800　1850

【とうかいどうちゅうひざくりげ】
# 東海道中膝栗毛

成立年 1809年（文化6年）

或人間、弥次郎兵衛、喜多八は原何者ぞや。答曰何でもなし。弥次只の親仁なり、喜多これも駿州江尻の産
（ある人が問う。弥次郎兵衛と喜多八は何者か。何者でもない。弥次郎兵衛はただの親父で、喜多八は駿州江尻の生まれである）

著者
十返舎一九

## 背景　戯作者が描いた江戸庶民の娯楽文学

　江戸時代、参勤交代のために東海道をはじめとした各地の街道が整備された。庶民の移動は制限されていたが、遠隔地の寺社への参拝は例外だったため、18世紀ごろから、豊作祈願や物見遊山を兼ねた伊勢神宮への参詣（伊勢参り）が、全国的に流行する。

　この伊勢参りを題材とした『東海道中膝栗毛』は、「滑稽本」と呼ばれるユーモアを交えた大衆娯楽文学の代表格。著者の十返舎一九は、大坂で浄瑠璃作家として活動したのちに江戸に進出した。

## 内容　江戸時代後期の文化風俗を活写

　神田八丁堀の商人である弥次郎兵衛と、元役者の喜多八は、厄落としのため伊勢参りに出かける。ふたりは当時の通例に従って、日本橋を出発点に品川宿、戸塚宿などの宿場町を経由し、13日をかけて東海道を西へ進む。

　本書には、道中のふたりの滑稽な失敗や、旅先で出会った人々とのおかしな問答、ふたりがユーモラスな狂歌を詠むところなどが描かれている。

　大好評を博したことにより、同じ主人公コンビが中山道などを旅する続編も執筆された。

　作品としての評価のほか、江戸時代後期の町人の話し言葉や東海道各地の情景、歌舞伎、浄瑠璃、川柳、狂歌といった当時の大衆文化を知る資料としての意義も大きい。十返舎一九に続いて、梅亭金鵞、仮名垣魯文などの滑稽本作者が成功を収めた。

弥次郎兵衛と喜多八の像（静岡市）。

# 群書類従

【ぐんしょるいじゅう】

成立年 1819年（文政2年）

> 伊勢大神宮禰宜謹解申儀式 幷年中祭行事事 合貳拾參條 天照坐皇太神宮儀式幷神宮院行事壱條
> （伊勢神宮の内宮の禰宜による儀式や年中行事について 合計二十三項目　天照大神の座する伊勢神宮の内宮の儀式と神宮院行事の一項目）

編纂者
塙保己一（はなわほきいち）

## 背景　40年以上にもわたって国書を編纂

　古代から江戸時代まで各種の古典文献を網羅した叢書。編者の塙保己一は盲目で、鍼灸を修めるかたわら国学者の賀茂真淵、歌人の日野資枝などに師事し、水戸藩が編纂した『大日本史』の校正にも協力した。

　『群書類従』は幕府や多くの寺社の協力を受けながら、40年以上の歳月をかけて編纂され、保己一の死後は子孫や門弟によって刊行が継続された。

　保己一はこのほか、鎌倉時代以降の武家の官職、儀式、衣服や武具についての資料集である『武家名目抄（ぶけみょうもくしょう）』の編纂なども手がけている。

## 内容　神社の記録から随筆まで1800冊以上

　保己一の存命中に編纂された正編は530巻、保己一の死後に編纂された続編は1150巻にのぼる。内容は、神祇、帝王、補任（公家、将軍、神職などの記録）、系譜、伝（個人伝記など）、官職、律令、公事、装束、文筆、消息（手紙・手記）、和歌、連歌、物語、日記、紀行、管絃（音楽・歌謡）、蹴鞠（けまり）、鷹、遊戯、飲食、合戦、武家、釈家（寺社による記録）、雑（法令、雑文、随筆、説話、地誌など）の25種類に分類されている。

　たとえば、「神祇」には伊勢神宮の儀式を解説した『皇太神宮儀式帳（こうたいじんぐうぎしきちょう）』を筆頭に多くの神社の記録が網羅され、「雑」には「十七箇條憲法」『方丈記』なども含まれている。

　収録した資料は正編と続編を合わせて1851冊。古典研究の基礎資料となった。

『群書類従』の目録。国立国会図書館

# 日本外史
【にほんがいし】

成立年 1826年（文政9年）

> 即ち称して公卿となす者は　平時は朝廷の上に超蹌し　天子の爵秩を取り　以て天下に驕れり
> （公卿となるような有力者は、普段は朝廷の機嫌を取って地位と秩序を手にし、おごって世に生きている）

著者
頼山陽（らいさんよう）

## 背景　儒者が勤王の観点から論述

江戸時代前期までの史書の多くは、武家政権を擁護する立場から記された。しかし、江戸幕府が体制を肯定する思想として儒学が広まると、幕府の意図を離れて、水戸藩で成立した水戸学など、儒学の忠君思想によって皇室への忠義という面から武家の立場を捉え直す動きが生まれる。

広島藩に仕えた儒者の頼山陽は、江戸に遊学したのち脱藩したが連れ戻され、その後も各地の儒学者や国学者と交流。勤皇の観点から武家の歴史を論じた『日本外史』を著し、松平定信に献上した。

## 内容　勤皇思想から歴代の武家を評価

前漢の史書である司馬遷の『史記』の形式にならい、漢文で記された。全22巻で構成され、平安時代末期の源氏と平氏の台頭から江戸時代までを取りあげている。

歴代の征夷大将軍である源氏、足利氏、徳川氏と、南北朝の争乱で南朝軍を率いた新田氏を中心に歴史が語られている。先行する膨大な史書を参考としているが、非公式な軍記を基にしたため不正確な記述もある。

各時代の有力武将の皇室への忠義心を比較し、源頼朝と楠木正成（くすのきまさしげ）を名将・忠君として高く評価した。朝廷と幕府の役割の違いや、時代状況による政権交代の必然性を分析している。

幕末期には多くの勤皇の志士に読まれた。

『日本外史』の写本。
国立国会図書館

# 南総里見八犬伝

【なんそうさとみはっけんでん】

成立年 1842年（天保13年）

> 戊戌の日に及びて いと平らかに男児を産みけり この児は
> 是名にしおふ 八犬士の一人にして 犬塚信乃と呼れし是なり
> （干支が戊戌の日、平穏に男児が生まれた。この男児こそ、八犬士のひとりである犬塚信乃
> と呼ばれる者である）

**著者** 曲亭馬琴（滝沢馬琴）

## 背景　完結まで28年におよんだ大長編

江戸時代後期を代表する読本のベストセラー。旗本に仕える用人の家に生まれた曲亭馬琴は、少年期から俳句や儒学に傾倒し、読本作家の山東京伝の門下となった。その後、『椿説弓張月』『近世説美少年録』など数多くの作品を出し、人気作家となる。

『南総里見八犬伝』は、明代に成立した長編小説『水滸伝』を意識しつつ、安房を地盤とする里見家の歴史を記した『里見記』『里見九代記』などを参考にして、28年の歳月をかけて執筆された。

## 内容　「八犬士」による里見家再興の物語

全巻106冊、全話180回から構成される。室町時代、安房の里見家は争乱のため危機に陥るが、同家の伏姫と神秘的な犬の八房は、仁・義・礼・智・忠・信・孝・悌という儒教の8つの徳目を体現した宝珠を生みだす。各地にはそれぞれの宝珠を持つ犬塚信乃、犬江親兵衛ら8人の「八犬士」が現われ、おのおの冒険を重ねて集結し、里見家のために戦うというあらすじだ。

作中には儒教や道教の思想、日本の歴史、中国大陸の武侠小説の知識などが織り込まれ、主君への忠義といった善行を説く一方、悪は必然的に滅ぼされるという勧善懲悪と因果応報の思想が反映されている。

たびたび歌舞伎や浄瑠璃の題材にもなり、後世の群像劇的な娯楽作品にも影響を与えた。

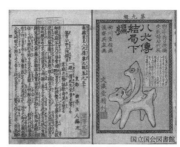
当時出版された『南総里見八犬伝』。

## column まだまだある近世の文書・書物

### 禁中並公家諸法度
【きんちゅうならびにくげしょはっと】
発表年 1615年（元和元年）

江戸幕府が発した朝廷と公家を統制する法令。「天子（天皇）は御学問のこと第一」と記し、武家政権としてはじめて、皇室の政治参加を明確に制限した。「武家諸法度」とは異なり、幕末まで改定されなかった。

### ユーカラ
【ゆーから】
成立年 16〜17世紀

現在の北海道に古来から居住していたアイヌの口承文芸。英雄ポイヤウンペの冒険物語、自然のなかに宿る神々の叙事詩など、多様な内容を含む。江戸時代の本土の日本人からは「蝦夷浄瑠璃」と呼ばれた。

### 出定後語
【しゅつじょうごご】
発表年 1744年（延享元年）

儒学者の富永仲基による仏教書。仏教は原典を離れて後代の説が追加されてきたという「加上論」を説いた。近世においては画期的な、古来の文献を鵜呑みにしない批判的分析の先駆といえる。

### 夢の代
【ゆめのしろ】
成立年 1820年（文政3年）

大坂の町人であった山片蟠桃は、独自に蘭学を研究して地動説などの西洋科学を知り、本書で古来の迷信を否定した「無鬼論（無神論）」を唱える。江戸時代においては、きわめて先進的な見解を記す啓蒙書であった。

### 日米修好通商条約
【にちべいしゅうこうつうしょうじょうやく】
締結年 1858年（安政5年）

江戸幕府がアメリカと結んだ国際条約。在留米国人の裁判権や、関税の自主権が含まれていない不利な条件であり、他の西洋列強とも同様の条約が結ばれたため、明治政府はその改正を目指した。

Part.4

近現代

# 日本の未来を占う文書

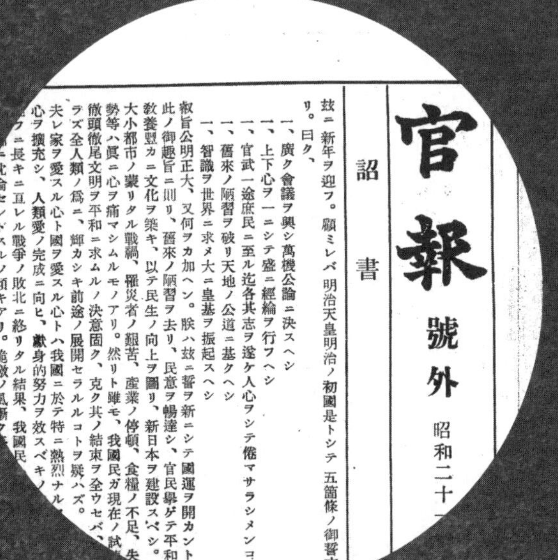

官報 號外 昭和二十一

詔書

茲ニ新年ヲ迎フ。顧ミレバ明治天皇明治ノ初國是トシテ五箇條ノ御誓文ヲ
リ。曰ク、
一、廣ク會議ヲ興シ萬機公論ニ決スヘシ
一、上下心ヲ一ニシテ盛ニ經綸ヲ行フヘシ
一、官武一途庶民ニ至ル迄各其志ヲ遂ケ人心ヲシテ倦マサラシメンコトヲ
一、舊來ノ陋習ヲ破リ天地ノ公道ニ基クヘシ
一、智識ヲ世界ニ求メ大ニ皇基ヲ振起スヘシ
叡旨公明正大、又何ヲカ加ヘン。朕ハ茲ニ誓ヲ新ニシテ國運ヲ開カント欲
此ノ御趣旨ニ則リ、舊來ノ陋習ヲ去リ、民意ヲ暢達シ、官民擧ゲテ平和主
教養豐カニ文化ヲ築キ、以テ民生ノ向上ヲ圖リ、新日本ヲ建設スベシ。
大小都市ノ蒙リタル戰禍、罹災者ノ艱苦、産業ノ停頓、食糧ノ不足、失
勢等ハ眞ニ心ヲ痛マシムルモノアリ。然リト雖モ、我國民ガ現在ノ試
徹頭徹尾文明ヲ平和ニ求ムルノ決意固ク、克ク其ノ結束ヲ全ウセバ、
ラズ全人類ノ爲ニ、輝カシキ前途ノ展開セラルルコトヲ疑ハズ。
夫レ家ヲ愛スル心ト國ヲ愛スル心トハ我國ニ於テ特ニ熱烈ナル
心ヲ擴充シ、人類愛ノ完成ニ向ヒ、獻身的努力ヲ效スベキノ
ヲ長キニ亘レル戰爭ノ敗北ニ終リタル結果、我國民
ニ沈淪セントスルノ傾キアリ。詭激ノ風漸ク
ハ洵ニ深憂ニ堪ヘズ。

## 政治 【せんちゅうはっさく】船中八策

発表年 1867年（慶応3年）

> 上下議政局ヲ設ケ、議員ヲ置キテ万機ヲ参賛セシメ、万機宜シク公議ニ決スベキ事
> （上院と下院からなる議会を設置し、議員を置いて話し合いにより政治上の重要事項を決定するべきである）

**中心人物**
坂本龍馬
後藤象二郎

### 背景　志士・龍馬が上京途中に明かす

坂本龍馬が、長崎から京都に向かう船中で、土佐藩の重鎮である後藤象二郎に示したといわれる新政府の構想。原本は存在しないが、ほぼ同じ内容の「新政府綱領八策」と呼ばれる文書が残されている。

後藤は、藩主の山内容堂の了解を得て、本書の方針に沿い容堂が徳川慶喜に大政奉還を要求した。幕府内の改革派であった大久保一翁、熊本藩に仕えた儒学者の横井小楠らも本書と同様の構想を持っており、その影響の元に記されたとの説もあるが、起草の経緯は明確となっていない。

### 内容　倒幕後の新政府のビジョン

朝廷に政権を奉還する、上院と下院からなる議会を設置する、公卿や諸侯から有力な人材を登用する、諸外国との正当な外交を樹立する、新たに無窮の大典（憲法）を制定する、海軍を拡張する、帝都防衛と天皇の警護のために軍隊を設立する、交易のため金銀や物価のレートを安定させる、という8つの方針を提示。天下の形勢から以上を実現することが急務だと説く。

なお、最後の項目は、幕末に日本と西洋諸国の金貨と銀貨の交換比率が異なり、金貨の大量流出が起こっていたことを反映している。

これら新政府の構想は、薩摩藩や長州藩によって進められてきた倒幕運動に、明確な将来の国家ビジョンと大義名分を与えることになった。その後、新政府によって本書にある議会の設置、諸外国との不平等条約の改正などが進められた。

外国と日本のレートの違い。

Part.4 近現代／日本の未来を占う文書

## ◆◆◆『亡友帖 新政府綱領八策』◆◆◆

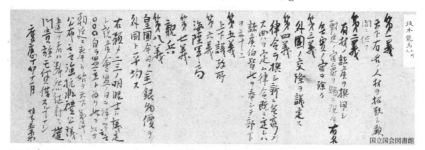

坂本龍馬の直筆とされており、文書の最後に坂本直柔（龍馬の実名）がみえる。なお、この文書を書いた数日後、龍馬は暗殺された。

## ◆◆◆ 西洋列強の日本への接近（19世紀中ごろ）◆◆◆

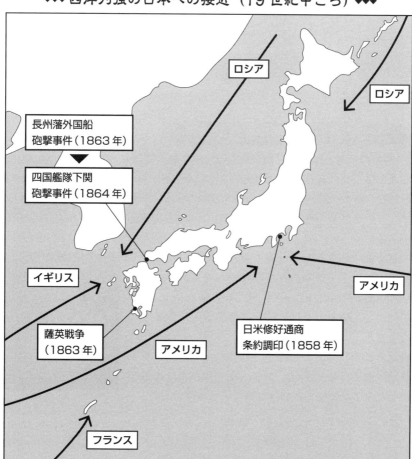

# 政治 討幕の密勅
【とうばくのみっちょく】

発表年 1867年（慶応3年）

汝宜体 朕之心、殄戮賊臣慶喜、以速 奏回天之偉勲、而措生霊于山嶽之安、此朕之願、無敢惑懈
（朕の意志に従い、逆臣の徳川慶喜を討ち、天下の命運を変える偉勲を果たして人々を安らかにせよ、これが朕の願いであるから惑わず実践せよ）

中心人物
岩倉具視

## 背景　薩長両藩主が朝廷と結び受ける

1867年、京都で行なわれた薩摩藩・長州藩・芸州（広島）藩の代表による会議で、倒幕の方針が決定される。これに呼応する形で、公家の岩倉具視らの働きかけもあり、明治天皇から薩長の指導層に、徳川慶喜の追討を命じる勅書が下された。

ただし、通常の勅書とは文体が異なり、公卿の中山忠能、正親町三条実愛、中御門経之の名が記されているものの花押はない。このため、実際には偽書であるか、非公式な下書きのようなものだったとする解釈もある。

## 内容　幻に終わった徳川慶喜の追討

「討幕の密勅」には、「慶喜が皇室の命令に反した暴虐を行なっているので、これを討たなければ先帝（孝明天皇）にも万民にも報いることはできない」とあり、慶喜を打倒して回天の偉業を果たすことが明治天皇の願望だと説いている。慶喜を「賊臣」と記しており、末尾には慶応3年10月14日の日付がある。

幕末期の倒幕運動は、薩摩藩と長州藩の下級武士を中心に下から進められてきたが、天皇がそれに明確な形でお墨付きを与えたものといえる。

しかし、勅書の日付と同日に慶喜が大政奉還を行なって朝廷に権力を返上した。このため、薩摩藩、長州藩は倒幕の名分を失い、勅書の指示は取り消される。慶喜は将軍を辞したが、幕府関係者は天皇を中心とする新政権で主導権を握ることを期待した。

岩倉具視の肖像（出典『近世名士写真 其1』）。

Part.4 近現代／日本の未来を占う文書

政治
【おうせいふっこのだいごうれい】
# 王政復古の大号令
発表年 1867年（慶応3年）

自今、摂関幕府等廃絶、即今、先ス仮ニ、総裁・議定・参与ノ三職ヲ置カレ、万機行ハセラルヘシ
（これより摂政、関白、幕府などは廃止し、総裁・議定・参与の3つの職を新設して、政治上の決定を行なう）

中心人物
有栖川宮熾仁親王

## 背景 幕府権力の完全排除を宣言

　江戸幕府はみずから朝廷に実権を返す大政奉還を行なったが、徳川慶喜は将軍を辞しても内大臣の職にあり、幕府関係者は諸侯と公卿の会議で主導権を握る方向性を考えていた。
　このため、倒幕を進めていた公家たちと薩摩藩・長州藩・土佐藩ほかの諸藩は、「王政復古の大号令」を発して、天皇中心の新政権を築くことを明文化した。これにより、旧幕府勢力を完全に政権から排除した「王政復古のクーデター」が確立される。

## 内容 新政府の正統性をアピール

　大号令では、慶喜による大政奉還を受理したことを明言し、1853年のペリー艦隊来港より日本は未曾有の国難にあることを強調、事態を打開するため王政復古による国威回復をはかることを述べた。
　さらに、以後は摂政、関白、幕府の制度を廃止し、新たに総裁、議定、参与の職を置くことを定めた。そして、神武天皇が日本を建国した精神に立ち返り、あらゆる身分の人間が論議して政治を進めることを説いている。
　西洋列強による対外的危機、それまで朝廷に代わって実権を持っていた要職の廃止、皇室の歴史に触れて、新政府の正統性を訴えたといえる。
　その後、慶喜は新政府に恭順したが、会津藩、桑名藩をはじめとする旧幕府勢力は新政府に抵抗し、戊辰戦争がくり広げられた。

徳川慶喜の肖像（出典『近世名士写真 其2』）。

**王政復古の大号令**のつづき

### ◆◆◆ 幕末のおもな出来事 ◆◆◆

| 年代 | 月(陰暦) | 事柄 |
|---|---|---|
| 1853年 | 6月 | ペリーが浦賀に来航 |
| | 7月 | プチャーチンが長崎に来航 |
| 1854年 | 3月 | 日米和親条約に調印 |
| 1856年 | 7月 | ハリスがアメリカ駐日総領事として下田に着任 |
| 1858年 | 6月 | 日米修好通商条約に調印 |
| | 9月 | 安政の大獄 |
| 1860年 | 1月 | 万延元年遣米使節がアメリカへ出発 |
| | 3月 | 桜田門外の変 |
| | 閏3月 | 五品江戸廻送令が出される |
| 1861年 | 10月 | 和宮が江戸に降嫁 |
| 1862年 | 1月 | 坂下門外の変 |
| | 8月 | 生麦事件 |
| 1863年 | 5月 | 長州藩が外国船を砲撃 |
| | 7月 | 薩英戦争 |
| | 8月 | 八月十八日の政変、天誅組の変 |
| | 10月 | 生野の変 |
| 1864年 | 6月 | 池田屋事件 |
| | 7月 | 禁門の変、第一次長州征討 |
| | 8月 | 四国連合艦隊が下関を砲撃 |
| 1865年 | 4月 | ふたたび征長令が発せられる |
| | 10月 | 修好通商条約が勅許される |
| 1866年 | 1月 | 薩長同盟が結ばれる |
| | 5月 | 改税約書に調印 |
| | 6月 | 第二次長州征討 |
| 1867年 | 5月 | 兵庫開港が勅許される |
| | 8月 | 「ええじゃないか」が起こる |
| | 10月 | 大政奉還が上表される、討幕の密勅が出される |
| | 12月 | 王政復古の大号令の発表 |

### ◆◆◆ 王政復古の大号令の序文 ◆◆◆

　徳川内府、従前御委任ノ大政返上、将軍職辞退ノ両条、今般断然聞シメサレ候、抑癸丑以来未曾有ノ国難、先帝頻年宸襟ヲ悩マセラレ候御次第、衆庶ノ知ル所ニ候、之ニ依リ、叡慮ヲ決セラレ、王政復古、国威挽回ノ御基立テサセラレ候間、自今摂関、幕府等廃絶、即今先ズ仮ニ総裁、議定、参与ノ三職ヲ置カレ、万機行ハセラルベク、諸事神武創業ノ始ニ原ツキ、縉紳、武弁、堂上、地下ノ別無ク、至当ノ公議ヲ竭シ、天下ト休戚ヲ同ジク遊バサルベキ叡念ニ付キ、各勉励、旧来驕惰ノ汚習ヲ洗ヒ、尽忠報国ノ誠ヲ以テ、奉公致スベク候事、……

Part.4 近現代／日本の未来を占う文書

政治 【ごかじょうの(ご)せいもん】
# 五箇条の(御)誓文

発表年 1868年（慶応4年）

一 広ク会議ヲ興シ万機公論ニ決スヘシ
一 上下心ヲ一ニシテ盛ニ経綸ヲ行フヘシ
（一 幅広く会議を開き政治上の決定を行なうべし　一 上下が心をひとつにして国家を治めるべし）

中心人物

木戸孝允

## 背景 新政府が作成し、明治天皇が宣布

「五箇条の誓文」は、明治政府の基本方針を示したものであり、明治天皇がみずから神に誓うという形式で発布された。

文案の起草は、越前藩出身で明治政府の財政を担当した由利公正（三岡八郎）と、土佐藩出身で教育政策を担当した福岡孝弟が中心となった。当初、第1条「広ク会議ヲ興シ」の部分は、「列侯会議ヲ興シ」とされており、藩主諸侯の会議という趣旨だった。しかし、長州藩の木戸孝允が手を加え、国民をも含めた会議と解釈できる文面となった。

起草の段階では、誓文は天皇と諸侯の盟約と考えられていたが、木戸はこれを天皇が臣下とともに神に誓う形式にさせたのだ。

## 内容 民主主義を採用した論拠

誓文の内容は、会議によって政治の方策を決定する、身分が上の者から下の者まで全員が国家の秩序を整える、官民が一体となって志を遂げる、攘夷など旧来の古い慣習を改める、世界から新しい知識を吸収する、というものだ。

とくに第1条は、議会制民主主義の採用と解釈された。これは、国民の政治参加を求める自由民権運動の論拠にもなり、板垣退助や江藤新平らによる「民撰議院設立の建白書」の提出と、帝国議会の設立につながっていく。

倒幕の背景には西洋列強の排除をはかる攘夷の思想があったが、誓文では海外の知識を導入する方針が明文化された。

木戸孝允の肖像（出典『近世名士写真 其1』）。

江戸時代　　明治時代
1800　　1850　　1900

# 五榜の掲示

【ごぼうのけいじ】

法令

発表年 1868年（明治元年）

一 人タルモノ五倫ノ道ヲ正シクスヘキ事
一 鰥寡孤獨癈疾ノモノヲ憫ムヘキ事
（一 人民は五倫の道を正しく行なうこと　一 病人や孤立した者をあわれみ助けること）

中心人物
不明

## 背景　「五箇条の誓文」の翌日に民衆へ公布

　明治政府によって「五箇条の誓文」が発布された翌日、人民の心得として「五榜の掲示」が公示された。誓文がもっぱら、新政府への参加が見込まれる公家や武家の有力者に向けたものであったのに対し、この掲示は庶民全般を対象とした具体的な禁令や道徳的規範を示したものだった。

　江戸時代を通じて、幕府から民衆への法令の通達には、人の集まる場所に掲げられた「高札」が使用されたが、五榜の掲示は新政府の中央官庁である太政官の名を記した5枚の高札という形で掲げられた。

## 内容　江戸幕府の民衆統制を引き継ぐ

　第1札では、五倫の道（君臣の義、長幼の序など、儒教の5つに由来する徳目）を守って、身寄りのない老人や幼児、未亡人などの困窮者を助けることを説き、殺人や放火などの罪を固く禁じた。第2札では、理由を問わず民衆が強訴や逃散（集団での逃亡）を行なうことを禁じ、第3札では、キリスト教など従来からの異端宗教の信仰を禁じている。

　第4札では、朝廷は万国の公法（国際法）に従う方針であることを示し、外国人への暴行を禁じた。第5札では、庶民が勝手に居住地を離れることを禁じた。

　基本的に江戸幕府の政策を踏襲したが、キリスト教の禁止は西洋諸国からの反発が大きく、1873年に撤回された。同時期に庶民の転居が認められるようになり、信教の自由や移動の自由などが、のちに大日本帝国憲法で明文化された。

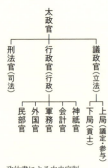

政体書による中央官制。

**政治**

【みんせんぎいんせつりつのけんぱくしょ】 発表年 1874年（明治7年）

# 民撰議院設立の建白書

> 臣等伏シテ方今政権ノ帰スル所ヲ察スルニ、上帝室ニ在ラズ、下人民ニ在ラズ、而独有司ニ帰ス
> （私どもが今の政治権力はどこにあるか考えるに、皇室にもなく、人民にもなく、政府高官に独占されている）

**中心人物**
板垣退助
江藤新平

## 背景 藩閥独裁に対する批判の第一歩

　明治維新に際して新政府は「五箇条の誓文」によって、広く臣民の参加する合議体制の確立を宣言した。ただ、実際には大久保利通、木戸孝允、岩倉具視ら薩摩藩・長州藩の重鎮と一部の公家が政府の実権を握る。

　1873年には、朝鮮との外交方針に関する「征韓論」をめぐって、薩摩藩出身の西郷隆盛とともに、土佐藩出身の板垣退助、佐賀藩出身の江藤新平らが政府から下野する。政府批判の姿勢を強めた板垣、江藤らは「民撰議院設立の建白書」を政府に提出し、国民が参加する議会の設立を求めた。

## 内容 自由民権運動の発端をつくる

　板垣らは政治の現状について、「政権は皇室にも人民にもなく、一部の有司（藩閥官僚）が独占している」と指摘し、「政治が少数者の情実（私情）に左右されていることは、愛国心から許しがたい」と建白書で批判した。

　さらに、「五箇条の誓文」でも言及された天下の公論（幅広い世間の意見）を取り入れるために民撰議院（選挙による議会）の設立を求め、納税者には政治参加の権利があると述べている。国民は無学であるというのならば、民撰議院の設立こそ学問を広めて文明的に発展する手段であると訴えた。

　これを発端に、国民の政治参加を求める自由民権思想が、薩摩・長州藩閥から疎外された不平士族から平民にまで広がる。1881年、政府は1890年に議会を開設すると公約し、板垣を総裁とする自由党が結成された。

板垣退助の肖像（出典『近世名士写真 其2』）。

**民撰議院設立の建白書**のつづき

### ◆◆◆ 自由民権運動の動き ◆◆◆

| | | | 運動の経緯 | 政府の対応 |
|---|---|---|---|---|
| 士族民権 | 1874年 | 1月 | 民撰議院設立の建白書の提出 → | 左院が受理し、黙殺する |
| | | 4月 | 立志社の設立 | |
| | 1875年 | 2月 | 愛国社の結成 | 2月 大阪会議 |
| | | 6月 | 民権運動が弾圧される ← | 讒謗律・新聞紙条例を公布 |
| | 1877年 | 6月 | 立志社が国会開設建白を提出 → | 却下 |
| 豪農民権 | 1878年 | 4月 | 愛国社の再興 | |
| | 1880年 | 3月 | 国会期成同盟の結成 | |
| | | 4月 | 国会開設請願書の提出 → | 不受理 |
| | | | 民権運動が弾圧される | 4月 集会条例の公布 |
| | 1881年 | 8月 | 開拓使官有物の払い下げを問題化 ← → | 7月 開拓使官有物の払い下げを決定<br>10月 払い下げを中止 |
| 農民民権 | | 10月 | 自由党の結成 ← | 10月 明治十四年の政変<br>国会開設の勅諭<br>松方財政の開始 |
| | 1882年 | 4月 | 立憲改進党の結成 ← | 3月 立憲帝政党の結成 |
| | | | ↓ 民権運動の激化 | |
| | | 11月 | 福島事件 | |
| | 1883年 | 3月 | 高田事件 | |
| | 1884年 | 5月 | 群馬事件 | |
| | | 9月 | 加波山事件 | |
| | | 10月 | 自由党の解党 | |
| | | | 秩父事件 | |
| | | 12月 | 飯田事件 | |
| | | | 大隈重信が改進党を離脱 | |
| 運動の解体 | 1885年 | 11月 | 大阪事件 | 12月 内閣制度の発足 |
| | 1886年 | 6月 | 静岡事件 | |
| | | 10月 | 大同団結運動の開始 | |
| | 1887年 | 10月 | 三大事件建白書の提出 | |
| | | 12月 | 民権派を東京から追放 ← | 12月 保安条例の公布 |
| | 1889年 | 4月 | 大同団結運動の分裂 | 2月 大日本帝国憲法の公布 |

### ◆◆◆ 民撰議院設立の建白書 ◆◆◆

国立公文書館所蔵

【だいにほんていこくけんぽう】 発表年 1889年（明治22年）
# 大日本帝国憲法

第一条 大日本帝国ハ万世一系ノ天皇之ヲ統治ス
（第一条 大日本帝国は古来続く天皇家が統治する）

中心人物
**伊藤博文**

## 背景　政府内でも意見が割れた憲法制定

1868年、新政府は「五箇条の誓文」を基にした「政体書」を発布し、三権分立、官吏の公選などの方針を明文化した。さらに、憲法の制定を告知する「立憲政体樹立の詔」を発する。ただし政府内では、天皇親政を唱える岩倉具視など立憲体制に反対する保守派も存在した。

民間からも自由民権運動の参加者らによる「私擬憲法」の案が複数出されたが、伊藤博文らの政府首脳は、プロシア（ドイツ）憲法をモデルに、天皇が定める欽定憲法という形で大日本帝国憲法を制定した。

## 内容　議会政治を保障したが軍の独裁を招く

全76条から成る。第1章は天皇についての条項で、国民ではなく天皇が日本の国家主権を持つことが明記されている。さらに、天皇の存在は不可侵とされ、天皇は陸海軍を統帥することが定められた。

第2章では、臣民の権利と義務について、兵役の義務、納税の義務などが記されている。第3章では、選挙によって選ばれた議員が帝国議会で法を制定することが明記された。このほか、国務大臣は天皇を輔弼すること、司法権は天皇の名において裁判所が行使することなどが記されている。

大日本帝国憲法は議会政治を保障し、大正時代には長州・薩摩藩閥の独裁を批判して政党内閣の樹立を求める「護憲運動」が起こった。しかし昭和期には、軍は内閣や議会ではなく天皇の統帥下にあることが軍部独裁の論拠にされる。

| 公布年→施行年 | 法典 |
|---|---|
| 1880年→1882年 | 刑法 |
| 1880年→1882年 | 治罪法 |
| 1889年→1890年 | 大日本帝国憲法 |
| 1889年施行 | 皇室典範 |
| 1890年→1890年 | 刑事訴訟法 |
| 1890年→1891年 | 民事訴訟法 |
| 1890年→延期 | 民法 |
| 1890年→1893年 | 商法 |
| 1896・98年→1898年 | 民法（修正） |
| 1899年→1899年 | 商法（修正） |

当時制定された法典。

# 教育勅語

【きょういくちょくご】

発表年 1890年（明治23年）

> 一旦緩急アレハ義勇公ニ奉シ以テ天壌無窮ノ皇運ヲ扶翼スヘシ
> （危急の大事が起こったならば、大義にのっとって勇気をふるい、天地のように永遠な皇室の運命を助けなければならない）

**中心人物**
井上毅（こわし）
元田永孚（もとだながざね）

## 背景　天皇制強化の目的で発布

　明治維新後、1872年に学制が定められ、国民は一律に教育を受けることになった。だが、人権思想などの西洋の学問が広まるにつれ、政府を批判する自由民権運動が激化する。江戸時代まで武士階級では主君への忠義や家長への孝行を重視する儒教の道徳観が定着していたが、新たに教育を受ける庶民にはこうした価値観が根づいていなかった。

　そのため、教育官僚の井上毅（のちの文部大臣）や、天皇の家庭教師を務めた儒学者の元田永孚らが中心となって、広く国民に向けて忠君愛国や親孝行などの徳目が教育の基本方針として明文化され、明治天皇の名で公布された。

## 内容　皇室国家のために尽くすことを説く

　明治天皇が国民に呼びかける形式となっている。まず冒頭で、教育は先祖から伝わる日本古来の精神に基づくべきであると述べられる。

　その具体的な内容として、父母に孝行を尽くして夫婦の仲を大事にし、学問を修めて努めて善良有為の人物となること、一身を捧げて皇室国家のために尽くすことなどが記されている。そして、皇族と臣民がこれらを遵守することが説かれている。

　全国の学校に勅語の謄本（とうほん）が配布され、勅語の奉読と天皇・皇后の写真「御真影（ごしんえい）」への礼拝が義務づけられ、謄本を粗末に扱うことは不敬とみなされた。しかし、戦後の1948年に国会決議で廃止されている。

元田永孚の肖像（出典『近世名士写真 其2』）。

| 江戸時代 | | 明治時代 | 大正時代 | 昭和時代 |
| --- | --- | --- | --- | --- |
| 1800 | 1850 | 1900 | | 1950 |

# 善の研究

【ぜんのけんきゅう】

発表年 1911年（明治44年）

> また中庸が善であるというのはアリストテレースの説であって、東洋においては『中庸』の書にも現れて居る

著者
西田幾多郎(きたろう)

## 背景　学生に講じたものをまとめ刊行

　東京帝国大学哲学科出身の西田幾多郎は、カントやヘーゲル、ベルクソンなどの西洋哲学を研究する一方、禅に深く傾倒し、欧米人向けに禅の理論書を執筆した仏教学者の鈴木大拙(だいせつ)と深い親交を結んだ。

　明治維新後、国内の西洋哲学の専門家は欧米の学問を翻訳して紹介することに留まっていたが、西田は、西洋哲学の世界観を仏教や儒教などの東洋哲学と融合させた独自の「西田哲学」を築き上げる。そして、高等学校での学生への講義内容の草案を基に『善の研究』を刊行した。

## 内容　日本独自の哲学を生みだす

　第1編「純粋経験」、第2編「実在」、第3編「善」、第4編「宗教」から構成される。序文などで、西洋哲学では主観と客観を分離して考えることを批判、両者が未分化なまま直感的に物事の存在を認識する「純粋経験」を提唱しており、この純粋経験を意識して完成させることが「善」だと説いた。

　物事が実在するとはどういうことか、人間はどのように世界を認識しているかなど、西田は古代ギリシア以来の西洋哲学のさまざまな見解を踏まえつつ、仏教や儒教、インド哲学の概念も取りあげ、論じている。

　本書は西洋哲学の単純な模倣ではない日本独自の哲学思想の先駆けとなり、大正期から昭和前半の文系知識人に広く読まれた。西田は本書の刊行後、京都帝国大学教授に就任、西田の影響を受けた和辻哲郎(わつじてつろう)、三木清など、「京都学派」と呼ばれる哲学界の潮流を生みだした。

国立国会図書館
当時出版された『善の研究』。

# 政治

**【たいかにじゅういっかじょうようきゅう】** 発表年 **1915年（大正4年）**

# 対華二十一箇条要求

両締約国ハ、旅順大連租借期限竝南満州及ビ安奉両鉄道各期限ヲ、何レモ更ニ九十九カ年ヅツ延長スベキコトヲ約ス

（日本と中華民国は、旅順と大連の租借期限ならびに南満州および安奉鉄道の管理期限をいずれも99年ずつ延長することを約束する）

**中心人物**
加藤高明
大隈重信

## 背景　世界大戦に乗じた日本の計略

19世紀以降、中国大陸ではイギリスやフランスなど西洋列強が租借地を築いていたが、1914年に第一次世界大戦が勃発すると、列強の多くはヨーロッパ戦線に兵力をさき、アジアでの活動は手薄となった。

当時、日本は日英同盟を結んでいたためイギリスと同じく連合軍に参戦、中華民国の山東省にあったドイツ軍の青島要塞を攻撃して占領した。翌年、日本政府は中華民国に、ドイツが中華民国領内に持っていた権益を日本に引き継がせることなどを求めた「対華二十一箇条要求」を提出する。

## 内容　満州での日本の勢力拡大を招く

第1号（4条）、第2号（7条）、第3号（2条）、第4号（1条）、第5号（7条）の全21カ条で構成される。第1号はドイツが持っていた山東省の権益の譲渡、第2号は南満州および東部内モンゴルでの日本の権益の拡大（租借年限の延長など）、第3号は中華民国の製鉄会社である漢冶萍公司を日本との合弁企業とすること、第4号は日本以外の国に沿岸地域の譲渡を行なわないこと、第5号は中華民国軍に日本の軍事顧問を入れ、日本からの兵器購入、日本人による病院・学校建設などの活動を認めることを要求した。

中華民国政府は難色を示し、熱烈な反日運動が起こる。諸外国の反発もあり、ワシントン会議で山東省の中華民国への返還が決定された。ただ、その後も南満州での日本の勢力拡大は進められ、鉄道経営と沿線警備を目的とする関東軍の駐留は拡大された。

加藤高明の肖像（出典『近世名士写真 其1』）。

# ポツダム宣言

【ぽつだむせんげん】

発表年 1945年（昭和20年）

> 日本国ノ主権ハ本州、北海道、九州及四国並ニ吾等ノ決定スル諸小島ニ局限セラルベシ
> （日本国の主権がおよぶ領土範囲は本州、北海道、九州および四国ならびに連合国が決定する諸島に限られる）

**中心人物**
ウィンストン・チャーチル
フランクリン・ローズヴェルト
蔣介石（しょうかいせき）

## 背景　英・米・中が日本に降伏を勧告

　第二次世界大戦中の1943年、イギリス首相のチャーチル、アメリカ大統領のローズヴェルト、中華民国総統の蔣介石は対日戦争での協力と、日本に海外領土を手放すことを要求する「カイロ宣言」を発表した。

　さらにヨーロッパ戦線でのドイツの降伏後、カイロ宣言の内容を踏まえつつ、日本軍の無条件降伏と国家体制の変革を要求する「ポツダム宣言」を発する。ソ連も宣言の内容決定に参加したが、日ソ中立条約があったため当初は署名せず、対日参戦に踏み切ったのちに署名した。

## 内容　戦後日本の枠組みの基本

　全13条で構成され、1～5条では、連合国と日本の状況を説明して、連合国が日本の降伏まで戦うこと、日本の敗戦が必然であることを述べている。

　6条と7条では、日本からの軍国主義の排除を主張し、それが実現されるまで日本を占領体制に置くことが述べられた。8条では、日本が明治期以降に獲得した、台湾や朝鮮半島などの海外領土の放棄を求めている。9条では日本の武装解除と平和への復帰、10条では日本の民主化と戦争犯罪人の処罰を求め、11条では将来的な日本の経済復興と国際社会への復帰を保障。12条では先に触れた条件が達成されれば占領軍は撤退することが述べられている。13条によって、無条件降伏に応じなければ日本は壊滅すると宣告した。

　戦後の占領軍による日本の内政改革は、「ポツダム宣言」の内容に沿って進められた。

カイロ・ポツダムの位置。

政治　【しゅうせんのしょうちょく】
# 終戦の詔勅

発表年 1945年（昭和20年）

朕ハ時運ノ趨ク所堪ヘ難キヲ堪ヘ忍ヒ難キヲ忍ヒ以テ萬世ノ爲ニ太平ヲ開カムト欲ス
（朕は時の運から判断して、耐えがたきを耐え、忍びがたきを忍んで、後世のため平和を実現したい）

中心人物
**昭和天皇**

## 背景　国民に向けた終戦の放送

　第二次世界大戦末期の1945年7月、連合軍からポツダム宣言が発せられた。続いて8月には、広島市と長崎市に原子爆弾が投下され、中立を保っていたソ連も対日参戦に踏み切った。
　日本政府は、ポツダム宣言が天皇を中心とした日本の国体の変革を要求している点を危惧。陸海軍の首脳は徹底抗戦を主張したが、皇居での御前会議において、昭和天皇の「聖断」により終戦が決定される。「終戦の詔勅」は、天皇みずから朗読し、「玉音放送」としてラジオ放送された。

## 内容　国民に突然伝えられた終戦

　詔勅では世界の大勢と日本の状況を考えた結果、ポツダム宣言を受諾することが最初に述べられている。続けて、昭和天皇自身は他国の主権を排して領土を侵す戦争は本意ではなかったことを説いたうえで、戦局は好転せず、原子爆弾の使用によって日本民族の滅亡、人類文明の破壊までもを招くのは皇室の先祖に申し訳ないため、ポツダム宣言に応じたと語った。
　さらに、日本に協力した諸外国への遺憾の意と、多数の戦死者、遺族への同情を示し、今後の日本の苦難は堪えがたく忍びがたいものだが、国民がこれを堪え忍び、日本の再建に当たることを希望した。
　国民の多くはポツダム宣言の存在を知らなかったため、終戦の玉音放送は驚きをもって受けとめられた。

| | |
|---|---|
| 8月6日 | 広島に原爆が投下される |
| 8月8日 | ソ連の対日参戦 |
| 8月9日 | 長崎に原爆が投下される |
| 8月14日 | ポツダム宣言受諾の通告 |
| 8月15日 | 玉音放送として、戦争終結の詔勅がラジオ放送される |
| 8月28日 | 先遣隊が厚木に到着する |
| 9月2日 | 降伏文書に調印 |
| 9月7日 | 沖縄で降伏文書に調印 |

終戦前後の出来事。

江戸時代　明治時代　大正時代　昭和時代　平成時代
1850　1900　1950　2000

Part.4 近現代／日本の未来を占う文書

### ◆◆◆ 日本占領下の命令系統 ◆◆◆

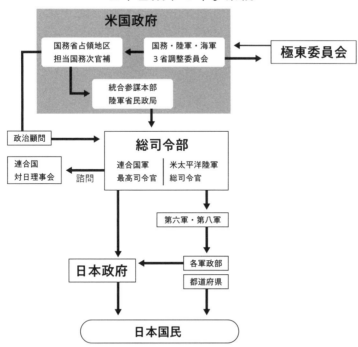

### ◆◆◆ 終戦の詔勅 ◆◆◆

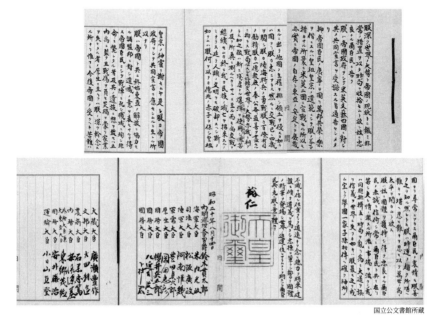

国立公文書館所蔵

政治

【しんにほんけんせつにかんするしょうしょ】 発表年 1946年（昭和21年）

# 新日本建設に関する詔書

朕ト爾等国民トノ間ノ紐帯ハ、終始相互ノ信頼ト敬愛トニ依リテ結バレ、單ナル神話ト伝説トニ依リテ生ゼルモノニ非ズ
（朕とあなたがた国民の絆は、つねにお互いの信頼と敬愛によって結ばれ、神話と伝説によって築かれるものではない）

中心人物
**昭和天皇**

## 背景　天皇がみずから神格を否定

　戦前まで、国家神道に基づいて国民は天皇を神聖視するよう説かれていた。ただし、昭和天皇自身は、大日本帝国憲法に立脚した立憲君主として振る舞おうとし、みずから国民に神格性を主張することはなかった。
　戦後、日本の民主化を進める占領軍は、国家神道が従来の日本の軍国主義に大きく影響していたと考え、「神道指令（国家と神道との分離指令）」を発して政教分離をはかる。これに対応する形で、昭和天皇は神格否定の宣言を行なった。この詔書は一般に「天皇の人間宣言」と呼ばれる。

## 内容　国民との新たな絆を説く

　昭和天皇の意向により、冒頭では「五箇条の誓文」に言及し、もともと民主主義は明治天皇の意志に沿うものであったと強調している。
　日本人の国を愛する心を全否定せず、むしろそれを人類愛の完成にまで広げることも説いた。さらに、「神話と伝説」による神格化された天皇と国民の結びつきを否定したが、「相互の信頼と敬愛」による国民との新しい一体感を掲げた。
　また、日本人は他の民族に優越しており、世界を支配するべき存在だといった過度なナショナリズムを批判し、人類の福祉と向上に貢献することへの期待を述べた。
　この宣言から間もなく、昭和天皇は全国を巡幸し、積極的に国民に接する。

国立国会図書館
天皇の「人間宣言」が掲載された官報。

# 日本国憲法 【にほんこくけんぽう】

**発表年** 1946年（昭和21年）

> われらは、平和を維持し、専制と隷従、圧迫と偏狭を地上から永遠に除去しようと努めてゐる国際社会において、名誉ある地位を占めたいと思ふ

**中心人物**
幣原喜重郎（しではらきじゅうろう）
ダグラス・マッカーサー

## 背景 GHQ草案を基に協議し大日本帝国憲法を改正

戦後、ポツダム宣言による日本の民主化方針に沿って大日本帝国憲法の改正が検討される。連合国最高司令官であるマッカーサーから草案が提示され、閣議を受けたのち、大日本帝国憲法第73条で定められた改正手続きに沿って制定された。マッカーサーと協議した首相幣原喜重郎の意向を取り入れ、戦争放棄などの基本的方針が決定されている。

1946年11月に公布され、翌年5月から施行された。明治期に制定された刑法、民法なども新憲法に対応して一部改正されている。

## 内容 旧憲法になかった諸要素を盛り込む

全103条から構成される。大日本帝国憲法と同様に第1章は天皇についての条項であり、第1条で天皇を「国民統合の象徴」とした。

第2章（第9条）では戦争の放棄を、第3章では基本的人権の尊重を明文化している。第4～6章では、国会による立法、内閣による行政、裁判所による司法の三権の分立を示した。第10章では基本的人権を「永久の権利」とすることと、憲法は最高法規であり、憲法に反する法律や詔勅は無効とすることが明記されている。

戦後の立法、行政、司法はこの憲法に沿って行なわれているが、占領体制下で制定されたため、憲法の改正が国政の議題とされてきた。

諸外国の憲法と比較して条文の総文字量は少ない。各条項の記述は最小限であるため、具体的な細目は刑法や民法などによって規定されている。

日本国憲法の上諭。
国立公文書館所蔵

政治

【にっちゅうきょうどうせいめい】
# 日中共同声明

発表年 1972年（昭和47年）

中華人民共和国政府は、中日両国民の友好のために、日本国に対する戦争賠償の請求を放棄することを宣言する

中心人物
田中角栄
周恩来（しゅうおんらい）

## 背景 中国とソ連の対立が生んだ国交

第二次世界大戦後、中国では国共内戦が勃発して、国民党政権は台湾に逃れ、本土の大部分は共産党が支配した。だが、アメリカや日本など自由主義陣営諸国の多くは、台湾の国民党政権との国交を維持した。

しかし、1960年代に入ると、同じ社会主義陣営内で中国とソ連の関係が悪化し、安全保障のためアメリカとの接近を模索する。この動きを受け、日本も中国との国交樹立を目指して首相の田中角栄が訪中し、中国の首相周恩来との協議ののち「日中共同声明」が発表された。

## 内容 賠償よりソ連への対抗を優先

前文と9項目の本文で構成され、前文では日本が過去の戦争で中国に重大な損害を与えたことへの反省とが明記された。

本文では、中華人民共和国を中国の唯一の合法政府と認めること、台湾は中国の一部と認めること、日本と台湾国民党政権の国交の廃棄、中国側による戦争賠償の放棄、主権と領土の相互尊重、相互不可侵、内政に対する相互不干渉、ポツダム宣言で定められた日本領土の維持、他国の覇権主義への反対などが述べられている。この6年後、正式に日中平和友好条約が結ばれた。

日本と中国が極東地域でのソ連軍の脅威を共有していたことに加え、日本に経済協力を求めて西側との関係改善をねらったため、中国は過度な日本批判を控えた。

日中共同声明は北京で調印された。

## 【むらやまだんわ】
# 村山談話

**政治** | **発表年** 1995年（平成7年）

> 多くの国々、とりわけアジア諸国の人々に対して多大の損害と苦痛を与えました

**中心人物** 村山富市（とみいち）

### 背景　アジア諸国との関係強化のため表明

　正式には「戦後50周年の終戦記念日にあたって」と題された、当時の自民党・日本社会党・新党さきがけ連立政権の首相村山富市が発表した談話。戦時中の日本の立場について、政府の公式的な見解とされている。

　談話が発表された背景には、1990年代初頭に米ソ冷戦体制が崩壊し、韓国や中国など近隣アジア諸国との関係が密接となった結果、戦時中の加害行為についての謝罪や賠償が浮上してきた点もあった。

　この談話の2年前には、自民党・宮沢喜一内閣の官房長官河野洋平が、戦時中の（いわゆる）従軍慰安婦への謝罪を行なった「河野談話」が発表されている。

### 内容　戦争への反省が踏襲される

　戦後の復興に関する国民の努力と諸外国の協力への感謝を述べたのち、日本の戦争方針については、国策を誤り、植民地支配と侵略によってアジア諸国に多大の損害と苦痛を与えたことへの「痛切な反省の意」「心からのお詫びの気持ち」を明言した。

　さらに、深い反省に立ち、独善的なナショナリズムを排し、平和の理念と民主主義とを押し広める意志を表明。また、唯一の被爆国として核兵器の廃絶を訴えた。

　その後、小泉純一郎が発表した戦後60周年談話と、2015年に首相の安倍晋三が発表した戦後70周年談話では、見解の修正が検討されたが、過去の植民地支配と侵略への反省という基本部分は踏襲された。

## column まだまだある 近現代の 文書・書物

### 軍人勅諭
【ぐんじんちょくゆ】
発表年 1882年（明治15年）

明治時代の初期、軍の内部には政府に不満を持つ者も多かったため、軍人に対し、忠節、礼儀、武勇、信義、質素を説いた勅語。天皇が軍の統帥権を持つことを明言する一方、軍人の政治参加を制限した。

### 治安維持法
【ちあんいじほう】
発表年 1925年（大正14年）

国体（天皇を中心とする国家体制）の変革と、私有財産制度の否定（共産主義の実現）を目的とする政治運動を禁じた法律であり、対象者の最高刑は死刑。戦時下では反政府活動の弾圧に多用されたが、戦後に廃止される。

### 戦陣訓
【せんじんくん】
発表年 1941年（昭和16年）

日米開戦後、首相の東条英機が、陸海軍人に忠節や勇敢さ、責任感などを説いた訓令。とくに「生きて虜囚の辱を受けず」という文言から、不利な戦闘でも降伏するより全滅や自決を選ぶことは、暗黙の義務となった。

### サンフランシスコ平和条約
【サンフランシスコへいわじょうやく】
発表年 1951年（昭和26年）

戦後、日本とアメリカなど48カ国の間で結ばれた講和条約。日本の領土範囲を確定させたが、ソ連（ロシア）・中国・韓国は調印に参加しておらず、これら諸国とは現在まで領土問題での見解の相違が残った。

### 日米安全保障条約
【にちべいあんぜんほしょうじょうやく】
発表年 1951年（昭和26年）

連合軍による日本占領の終了後も、在日米軍の駐留を認めた条約。1960年の更新で対等な同盟関係が明記されたが、付随する「日米地位協定」により、駐留米軍に対して税制や裁判権での優遇が定められている。

おまけ

# 古文書の読み方

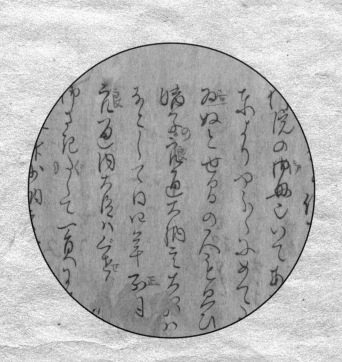

## 知っておきたい 文字の種類

### 古文書に頻出する「旧字体」

現在日本で使われている漢字は、昔よりも簡略化されている。この簡略化された漢字の字体を「新字体」、昔の複雑な字体を「旧字体」という。たとえば、「旧」は新字体であり、旧字体は「舊」だ。あるいは、「国」は「國」である。旧字体は形が似通ったものも多く、慣れていないと古文書を読むときに戸惑ってしまうだろう。旧字体を知らないと古文書の判読が難しいので、旧字体と新字体の対応表があるサイトや「漢和辞典」などを参考にするとよい。

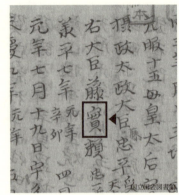

『愚管抄』(写本) 2巻の冒頭。「藤実頼」の「実」が旧字体になっている。

### 常用漢字に似ている？「異体字」

『群書類従』。「群」が異体字になっている。

常用漢字には入っていないが、同じ意味を持つ漢字を「異体字」という。たとえば、地形のシマは常用漢字では「島」だが、古文書ではシマが「嶋」「嶌」「嶋」と書かれていることもある。これらはすべて異体字である。ほかにも、「秋」の異体字は「秌」だ。よく見ると、シマの異体字は「山」と「鳥」の組み合わせになっており、アキは左右を入れ替えた形になっている。

※旧字体や合字を異体字に含むとする場合がある。

おまけ／古文書の読み方

古文書には、現代では使われることが少ない漢字が多い。どんな字があるのか知っておくと、読解に役立つ。

### 2文字が1文字に？ 「合字」

古文書では、複数の字をひとつにまとめた「合字」が用いられていることがある。たとえば、「麻呂」を「麿」、「久米」を「粂」、「木工」を「杢」、「より」を「ゟ」と書くのが、その代表例だ。漢字だけではなく、仮名文字も合字になっているケースがあることに注意。「ゟ」は新聞の三行広告などで使われていることがある。合字にはほかにも「廿（二十）」「𦣝（二百）」「旵（日下）」「𣴎（我等）」「䦰（聞書）」「鋺（金椀）」などがある。

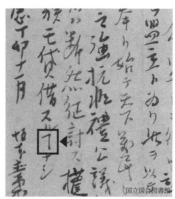

『新政府綱領八策』。「コト」の合字が用いられている。

### 同じ読みの字を用いた「宛字」

江戸時代の浮世絵に残る「百性」の表記。

漢字の字義を無視し、読み方だけを借用した「宛字」が古文書では多用されている。たとえば、「百姓」が「百性」、「出精」が「出情」、「訴訟」が「訴詔」、「思召」が「思食」と書かれていることがあるのだ。漢字の意味としては当然前者が正しいが、後者も音だけは同じように読める。もっとも、「思食」の「食」をメシと読ませるのは、現代の感覚からすると、かなり苦しい。ちなみに、夏目漱石は作中で宛字を頻繁に使ったことで有名だ。

119

# 知っておきたい くずし字の例

## 楷書をくずした「行書」と「草書」

漢字の書体には大きく、隷書、楷書、行書、草書の4種類がある。行書と草書は楷書をくずしたものなので、慣れていないと読みにくい。とくに草書は、行書よりもくずしているので難解だ。古文書は、それらのくずし字で書かれていることが多い。公的な文書は楷書で書かれるのが一般的で、私的なものになるにつれ、行書、草書とくずした書体になっていく傾向がある。そのため、書体の種類を見極められれば、文書のおおよそのランクを把握できる。

行書（上）と草書（下）の例（『愚管抄』の写本）。

## ひらがなにも種類が？「変体仮名」

「な」の変体仮名が用いられた暖簾。

ひらがなは、漢字を極度に草書化し、簡略化したものである。「い」というひらがなの元の漢字は「以」であり、「お」は「於」だ。だが、近代以前は同じ漢字が元になっているにもかかわらず、違う書き方をすることもあった。さらには、元の漢字すら違うこともあったのだ。たとえば、現在使われている「た」は「太」から来ているが、同じ音で「堂」や「多」をくずしたものも使われていた。これらを総称して「変体仮名」という。

古文書の字はくずして書かれていることが多い。ひらがなやカタカナ、漢字を解読するときのポイントを紹介。

## 「カタカナ」は前の漢字で判別

古文書のなかのカタカナは、かなりくずして書かれていたり、小さく書かれていたりすることがあるので読解が難しい。だが、いくつかの法則性がある。たとえば、「ニ」は前後の字よりも小さく、右寄りに書かれがちだ。「ヲ」は「〜ヲ以」という文章で使われることが多いので、「以」の前にあれば、「ヲ」と推測ができる。判読が難しいのが「ク」と「リ」だが、これらは送り仮名として使われることが多いので、その前の漢字がわかれば判読できる。

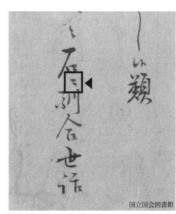

カタカナの「ニ」の例。

## 漢字を推測するときのヒントになる「部首」

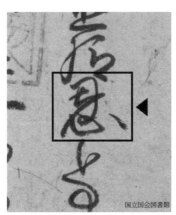

「恩」の字。「心（したごころ）」の漢字だとわかる。

漢字のくずし字を読み解くとき、部首が手がかりになることもある。たとえば「たけかんむり」らしいと判断できれば、「くずし字辞典」で、たけかんむりの漢字の一覧を見て、いちばん似ているものを探せばいい。「くずし字辞典」が手元にない場合、普通の「漢和辞典」で、たけかんむりの字を調べるだけでも、かなり推測することができる。そのためにも、難読のくずし字を見たら、どのような構成要素に分解できるかを、まず考えてみるのがいいだろう。

# 知っておきたい 頻出する表現

## 下から上に読む「辺読文字」

古文書のほとんどは漢文調で書かれている。具体的には、動詞が目的語の前に来たり、助詞が名詞の前に来たりするなど、日常使われている日本語とは文の構成が違うことが多いのだ。そのため、漢文を読むときと同じように下から上に返って読む「辺読文字」が頻出する。たとえば「乍恐以書付奉願上候（恐れながら、書きつけをもって、願い上げたてまつりそうろう）」の1文字目の「乍」、3文字目の「以」、6文字目の「奉」は辺読文字である。

●辺読文字の例

| 助動詞 | |
|---|---|
| 如（ごとし） | ～と同様に、～のように |
| 不（ず） | ～ない |
| 為（す・さす・たり） | ～だ／使役の助動詞 |
| 令（しむ） | ～させる、～される |
| 可（べし） | ～しなさい／～するのがよい／～らしい／～のはず／～しなければならない |
| 被（る・らる） | 受身・尊敬・可能の助動詞 |
| 助詞 | |
| 乍（ながら） | ～けれども、～にもかかわらず |
| 難（いえども） | ～けれども、～ても |
| 於（おいて） | ～で、～について |
| 自・因・依・従（より） | ～から、～を通して |
| 動詞 | |
| 奉（たてまつる） | 捧げる、献上する |
| 致（いたす） | ～する |
| 得（う・え） | 例「得其意（その意図を了解し）」など |
| 及（およぶ） | 例「不及申ニ（言うまでもなく）」など |
| 期（きす・ごす） | 約束する、予期する、覚悟する、期待する |
| 遂（とぐ） | ～を遂行する |
| 任（まかす） | ～に委ねる、～どおりに |
| 依・寄（よる） | 例「不依何事（たとえどのようなことでも）」など |

## 丁寧な表現に使われる「候」

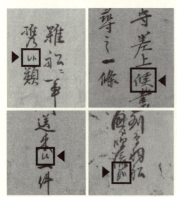

「候」の例。　国立国会図書館

「～候（そうろう）」という文章は、古文書といえばこれをイメージするほど、現代の私たちにとっても馴染み深いものだ。これは、現代語の「であります」「します」「です」などにあたり、文語の「あり」「おり」の丁寧語である。書状などに使われることが多く、このような文体を「候文」という。より丁寧にする場合は、「御座」という言葉をつけて「御座候」となる。基本的には文末に置かれるもので、かなり書体をくずして書かれることもある。

辺読文字や動詞のほかに、「候」や「其」など古文書を読み解く上で知っておくべく表現は多い。

## 古文書に頻出する「接続詞」

読み間違えると文意が変わってしまうことがあるため、古文書を読む上で接続詞の解読は重要だ。頻出するものとしては、「或者（あるいは）」「且又（かつまた）」「併・乍併（しかしながら）」「加之（しかのみならず）」「然上者（しかるうえは）」「然所（しかるところ）」「然者（しかれば）」「但（ただし）」「尚又・尚亦・猶又・猶亦（なおまた）」「幷（ならびに）」「又者（または）」「尤（もっとも）」などが挙げられる。

● 接続詞と意味

| 接続詞 | 読み | 意味 |
| --- | --- | --- |
| 或者・或ハ | あるいは | もしくは |
| 且又・且亦 | かつまた | その上また |
| 併・乍併 | しかしながら | しかし、だが |
| 加之 | しかのみならず | そればかりでなく |
| 然上者・然上ハ | しかるうえは | それでは |
| 然処 | しかるところ | ところが、ところで |
| 然者 | しかれば・しからば | そうであるから／さて |
| 但 | ただし | それで／あるいは |
| 尚又・尚亦・猶又・猶亦 | なおまた | それに加えて |
| 幷・幷ニ | ならびに | および |
| 又者・亦者 | または | あるいは |
| 尤 | もっとも | 一方で、ただし |

## 古文書に頻出する「接頭語」

国立国会図書館
「御」の例。かなり省略して書かれていることがある。

ある語の上につけることで、語調を強めたり、意味を添えたりする語を「接頭語」という。「御年貢（おねんぐ）」「御法度（ごはっと）」など、名詞や動詞の上につけて尊敬や丁寧の意を表わす「御」は、古文書で頻繁に見受けられる。ほかには、「相背（あいそむき）」「相済（あいすまし）」など、語調を整えるために動詞につける「相」。「打続（うちつづく）」「打驚（うちおどろく）」など、動詞の意味を強めるための「打」も、よく用いられている。

## 古文書に頻出する「副詞」

頻出する副詞の代表的なものとして、「少し」「わずか」の意味で用いられる「聊（いささか）」がある。これは下に打ち消しの言葉を伴うと、「少しも」「ちっとも」という意味に変化する。「ひたすら」とも読む「一向（いっこう）」も頻出副詞であり、「いちずに」「すべて」という意味だ。「今でも」「いまだに」という意味の「今以（いまもって）」や、「ますます」「たしかに」という意味の「弥（いよいよ）・弥以（いよいよもって）」なども、よく用いられている。

### ●副詞の例

| 副詞 | 読み | 意味 |
|---|---|---|
| 兼而 | かねて | 前もって |
| 急度・吃度・屹度・屹与 | きっと | かならず、きびしく、たしかに |
| 決而 | けっして | （下に打ち消しの語が来て）絶対に〜ない |
| 自然 | しぜん・じねん | もしも、ひとりでに |
| 少茂 | すこしも | 少しでも（下に打ち消しの語が来て）まったく〜ない |
| 則 | すなわち | ただちに、そこで、言い換えれば |
| 慥ニ | たしかに | 間違いなく |
| 縦・縦令・響・仮令 | たとい | もし、仮に（下に「〜とも」が来て）たとえ〜ても |
| 篤与 | とくと | よくよく、念を入れて |
| 可成丈 | なるべくだけ | できるだけ |
| 必至与 | ひしと | しっかりと、かならずや |
| 偏ニ・偏ニ | ひとえに | ひたすら、いちずに |
| 不斗・風と・不図・風与・与風・風度 | ふと | 突然に、不意に、即座に |
| 別而 | べっして・わけて | とりわけ、とくに |
| 毛頭 | もうとう | （下に打ち消しの語が来て）少しも〜ない |
| 若 | もし | 仮に、万一／あるいは |

## 古文書に頻出する「形容詞」と「形容動詞」

### ●形容詞や形容動詞の例

| 語 | 読み | 使用例や意味 |
|---|---|---|
| 〜敷 | しく・しき | 「六ケ敷（むつかしく）」「歎ケ敷（なげかわしく）」など |
| 殊之外 | ことのほか | 思いのほか |
| 可然 | しかるべし | 適している、立派な |
| 俄ニ | にわかに | 突然に、即座に |
| 宜 | よろし | 「よい」の丁寧な表現 |
| 宜敷 | よろしく | |

「いよいよますます」という意味の「弥増（いやまし）」は、古文書で頻出する形容動詞だ。書簡の冒頭で時候の挨拶をするときにも用いられる。「もったいない」「恐れ多い」「身にしみてありがたい」という意味の形容詞「忝・辱（かたじけなし）」も、よく用いられている。「〜ケ間敷（がましく・がましき）」は、「〜に似ている」「〜らしい」「〜のきらいがある」を意味する形容詞であり、「挨拶ケ間敷」「願ケ間敷」のような使われ方をする。

## 末尾につく語

語句の末尾につけることで否定や強調、願望といった意を添える語が古文書にはよくある。たとえば、「〜しておく」という意味の「置（おく）」、「〜することができない」という意味の「兼（かね）」、「〜したい」という意味の「度（たし）」、「〜である」「〜だ」という意味の「也（なり）」などが、その代表的なものである。少し難しいのが「間敷（まじき）」で、これは否定的推量のときもあれば、禁止、不可能を意味することもある。

## 基本的な動詞

使われている基本的な動詞が理解できれば、古文書の内容を読み解く手がかりになる。頻出するのは、「存在する」という意味の「有・在（あり）」、「する」という意味の尊敬語「遊（あそばす）」、「物音を聞く」という以外に「言い聞かせる」という意味もある「聞（きく）」、身分の高い人が低い人に物を与える意味の「下（くだす）」、「思う・考える」の謙譲語の「存（ぞんす）」、「言う」の謙譲語「申（もうす）」などだ。

## 名詞、接続詞としての「儀」と「義」

たいていの古文書で共通して使われている文字がある。そんな頻出文字の代表が「儀・義（ぎ）」だ。この文字は、名詞として「こと」「わけ」などの意味で使われる場合と、接続詞として「〜について」「〜に関して」といった意味で使われる場合がある。「渡守給金之義者壱ヶ年ニ金五両ツ」とあれば、「渡守の給金については一年に五両ずつ」という意味。ちなみに、「義」は「儀」の略字であり、宛字だ。

## 指示語として使われる「其」と「夫」

「其・夫（その・それ）」も頻出文字である。「その」と読む場合は、前に述べたことを了解しているという意味や、話し手が聞き手のほうにあると思われる物を指すときに用いられる。「それ」と読む場合は、相手側にある物や人・場所などを指すとき、相手の過去や将来のある時点を指すときに用いられる。「其上」「其節」「其段」「其方」「其旨」といった語句は大半の古文書に出てくるといっても過言ではないだろう。

## さまざまな意味を持つ「何」

「何（なに・いずれ・いかが）」は、さまざまな文字と組み合わさることで意味の変わる頻出文字だ。「何れ（いずれ）」ならば選択肢を示す場合に用いられる。「何れも（いずれも）」なら、「すべて」という意味。「何方（いずかた）」は場所を問う場合、「如何（いかが）」は疑問の意を示すときに用いられる。「何様（いかよう）」は、物事の状態や程度を問うときに用いられる。「何」を読むときは、前後の字をよく確認するとよい。

## 頻出する指示語「此」「是」「之」「斯」

「比」「是」「之」「斯」は、一般的には「この」あるいは「これ」と読まれることが多い代名詞で、自分の近くにある人や物、場所などを指すときに用いられる。また、自分自身のことや現在の時点を指し示すときにも用いられる。「此説（このせつ）」「此者（このもの）」「此段（このだん）」「無之（これなく）」といった語句は、古文書でよく見られるものだ。ただ、「加此（かくのごとし）」のように「かく」と読むこともある。

# 参考文献

『詳説 日本史B』笹山晴生・佐藤信・五味文彦・高埜利彦ほか 著（山川出版社）
『日本史用語集 A・B共用』全国歴史教育研究協議会 編（山川出版社）
『日本史B用語集』全国歴史教育研究協議会 編（山川出版社）
『日本史B用語集 改訂版』全国歴史教育研究協議会 編（山川出版社）
『詳説 日本史史料集 再訂版』笹山晴生・五味文彦・吉田伸之・鳥海靖 編（山川出版社）
『新詳述 日本史史料集』直木孝次郎・脇田修 監修（実教出版）
『頻出テーマ 日本史重要史料集』浜島書店編集部 編著（浜島書店）
『新詳日本史』浜島書店編集部 編著（浜島書店）
『ビジュアルワイド 図説日本史』東京書籍編集部 編著（東京書籍）
『詳説 世界史B 改訂版』佐藤次高・木村靖二・岸本美緒ほか 著（山川出版社）
『コンサイス 日本人名事典』上田正昭・津田秀夫・永原慶二・藤井松一・藤原彰 監修（三省堂）
『精選国語総合 古典編』安藤宏 著（筑摩書房）
『風土記』吉野裕 訳（平凡社）
『風土記 上』中村啓信 監修・訳注（KADOKAWA）
『懐風藻』江口孝夫 著（講談社）
『八幡信仰事典』中野幡能 編（戎光祥出版）
『八幡神社 歴史と伝説』神社と神道研究会 編（勉誠出版）
『続日本紀（下）』宇治谷孟 訳（講談社）
『日本後紀（上）』森田悌 著（講談社）
『空海「性霊集」抄』空海 著、加藤精一 訳（KADOKAWA）
『日本書紀（上）全現代語訳』宇治谷孟 訳（講談社）
『現代語訳 枕草子』稲賀敬二 訳（学燈社）
『藤原道長「御堂関白記」（上）』倉本一宏 訳（講談社）
『完訳 日本の古典 第三十四巻 梁塵秘抄』新間進一・外村南都子 校注・訳（小学館）
『現代語訳 平家物語 上』中山義秀 訳（河出書房新社）
『現代語訳 方丈記』佐藤春夫 訳（岩波書店）
『完訳 源平盛衰記一』岸睦子 訳（勉誠出版）
『栄西 喫茶養生記』古田紹欽 著（講談社）
『現代文訳 正法眼蔵1』道元 著、石井恭二 訳（河出書房新社）
『現代語訳 徒然草』吉田兼好 著、吉田春夫 訳（河出書房新社）
『完訳 太平記2巻』鈴木邑 訳、上原作和・小番盛 監修・訳（勉誠出版）
『風姿花伝・三道』世阿弥 著、竹本幹夫 訳注（KADOKAWA）
『庭訓往来 句双紙』山田俊雄・入矢義高・早苗憲生 校注（岩波書店）
『日本思想体系21 中世政治社会思想 上』石井進・石母田正・笠松宏至・勝俣鎮夫・佐藤進一 校注（岩波書店）
『武家家訓・遺訓集成』小澤富夫 編・校訂（ぺりかん社）
『日本史史料 3 近世』歴史学研究会・高埜利彦 編（岩波書店）
『日本史史料 4 近代』歴史学研究会・宮地正人 編（岩波書店）
『生類憐みの世界』根崎光男 著（同成社）
『解体新書 全現代語訳』杉田玄白ほか 訳著、酒井シヅ 訳（講談社）
『解体新書【復刻版】』西村書店編集部 編（西村書店）
『塵劫記』吉田光由 著、大矢真一 校注（岩波書店）
『農業全書』宮崎安貞 編纂、貝原楽軒 删補、土屋喬雄 校訂（岩波書店）
『水戸の彰考館 その学問と成果』福田耕二郎 著（水戸史学会）
『貝原益軒 天地和楽の文明学』横山俊夫 編（平凡社）
『新編 日本古典文学全集77・浄瑠璃集』鳥越文蔵・大橋正叔・林久美子・長友千代治・黒石陽子・井上勝志 校注・訳（小学館）
『新編 日本古典文学全集78・英草紙／西山物語／雨月物語／春雨物語』都賀庭鐘・建部綾足・上田秋成 著、中村幸彦・高田衛・中村博保 編（小学館）
『新編 日本古典文学全集81・東海道中膝栗毛』中村幸彦 校注・訳（小学館）
『新日本古典文学大系60 太閤記』桧谷昭彦・江本裕 校注（岩波書店）
『新日本古典文学大系74 仮名草子集』渡辺守邦・渡辺憲司 校注（岩波書店）
『信長公記を読む』堀新 編（吉川弘文館）
『訳註大日本史 第一巻』徳川光圀 撰、川崎紫山 訳註、大日本史普及会 編（大日本史普及会）
『日本の思想 第15巻 本居宣長集』本居宣長 著、吉川幸次郎 編（筑摩書房）
『南総里見八犬伝 第一巻』曲亭馬琴 著、小池藤五郎 校訂（日本実業出版社）
『昭和天皇かく語りき』久能靖 監修、井筒清次 編（河出書房新社）
『おさらい古文書の基礎』林英夫 監修（柏書房）
『古文書くずし字 見わけかたの極意』油井宏之 著（柏書房）
『やさしい古文書の読み方』高尾善希 著（日本実業出版社）
『古文書に親しむ』大友一雄 監修（山川出版社）
『日本難字異体字大字典 文字編』井上辰雄 監修（遊子館）

【監修紹介】
**山田 勝**（やまだ・まさる）

1972年東京都生まれ。早稲田大学第一文学部卒業。代々木ゼミナール、お茶の水ゼミナール講師。著書に『日本史"ズルい"辞典』『徹底攻略！藤原氏33人と天皇53人』（いずれもKindle版）、監修書に『まんが クレヨンしんちゃんの日本の歴史おもしろブック1』『まんが クレヨンしんちゃんの日本の歴史おもしろブック2』（いずれも双葉社）、『1テーマ5分で原因と結末がわかる日本史』（実業之日本社）がある。

## 日本史 文書・書物の秘密

2018年10月10日　第一刷発行

| | |
|---|---|
| 監修 | 山田　勝 |
| 編集・構成 | 造事務所 |
| 発行人 | 出口　汪 |
| 発行所 | 株式会社水王舎 |
| | 〒160-0023 |
| | 東京都新宿区西新宿6-15-1 |
| | ラ・トゥール新宿511 |
| | 電話 03-5909-8920 |
| カバー印刷 | 歩プロセス |
| 印刷 | シナノ |
| 製本 | ナショナル製本 |
| 編集統括 | 瀬戸起彦（水王舎） |

落丁、乱丁本はお取り替えいたします。

©Masaru Yamada,ZOU JIMUSHO 2018 Printed in japan
ISBN978-4-86470-111-2